いちばん はじまり

赤ちゃんをむかえる前から読む発達のレシピ

監修／井川典克

編著／大村祥恵
町村純子
特定非営利活動法人
はびりす

の本

Baby Centred Approach

クリエイツかもがわ
CREATES KAMOGAWA

はじめに

これから子育てをはじめようとしている　ママ・パパへ。

あなたがたが出会う赤ちゃんの人生は、どんなふうに展開するのでしょう？
どんな個性をもって成長するかわからない小さな主人公を、どんなふうにサポートをしていこうかと、期待も不安もいっぱいですよね。

さて、有名な本の主人公といえば、誰が思い浮かびますか？
記憶に残る主人公には、得意も不得意もあって、とびっきりの個性がキラキラ輝いています。最初は弱々しいけど、泣いたり、笑ったり、偶然出会った人に助けられてホッとしたり、ドキドキするくらいのピンチをくぐり抜け、いつかみんなに頼り頼られる存在に成長していきます。
子どもたちも、自分の小さい頃のお話が大好きで、「小さいころどうだった？」と、何度もくりかえし聞きたがります。
特に喜ぶのは、「困ったけど、大丈夫になった話」「周囲をハラハラさせた無鉄砲な話」。
子どもたちは、壁を乗り越えた話が大好きです。

この本は、物語のはじまりに手渡される「いちばんはじまりの本」をイメージしてつくりました。
今回執筆したのは、毎日ご家族の相談にのっている助産師や保健師、作業療法士や理学療法士、幼稚園の園長、大学で研究をしている人、そして議員や市長まで加わったごちゃ混ぜチームです。
どんな子どもたちも、持って生まれた個性を輝かせながら、ご家族まるごと地域に愛されて育ってほしいと願う気持ちはひとつ。

この本では、よくある相談の具体的なとらえ方や、考え方のヒントを、わかりやすい見開きのQ＆A方式で紹介しています。

いつも私たちがするように、偶然出会ったあなたたち親子の横に並んで、一緒に考えるような感覚で書きました。

大人だって身長や体重、性格、運動や勉強の得意・不得意があるように、子どもにはいろんな個性があります。それから、子どもたちは毎日成長します。

だから、子育ての正解は、その子によっても、その日、その時によっても違います。

物語が展開したとき、どんな疑問がやってくるのか、どの方法や順番で正解にたどりつけるかは、やってみないとわかりません。チャレンジしやすいところを、いいとこどりでつまみ食いしながら、一緒に楽しんでいきましょう。

いつか子どもたちとの冒険を、

「大変なこともあったけど、ラッキーなこともあって、ああ、本当にいい時間だった」と、ケラケラ笑いながら振り返って、より味わい深い時間が過ごせますように。

2021年10月

執筆者を代表して　山口ひとみ

＊本書の用語表記について
・「子ども」「こども」、「体」「身体」「からだ」「カラダ」、「人」「ヒト」、「心」「こころ」など漢字、ひらがな、カタカナ表記が混在していますが、本書全体で用語統一せず執筆者にゆだねた表記になっています。

1

2

3

4

5

6

Part 5　しっかり基礎づくり

Part 6　思い通りにならない子育て

子育ちプログラム

● 身体調和支援プログラム

（「♪」うたにあわせてマッサージ）

● 体幹強化アプローチ

● 読み書き基礎プログラム

Part 1

親子に寄り添う現場

医療の場の助産師は
どんな人なの？

命のはじまりの場から産み育てる力を支え、
親の愛をひきだすお手伝いをします

① 赤ちゃんが可愛いという気持ちを原動力に、変化の波を乗り越える

病院は病気になった人が行く場所です。しかし産科は基本的に健康な人が通う所で、妊娠、出産して「おめでとう」、退院の時も「また待ってる」と言える唯一の科です。

もちろん、妊娠の背景は人さまざまで、個々に妊娠を受け入れるには葛藤があり、特に女性は心身や人間関係に大きな変化を一気に引き受けます。

自分の意志ではどうしようもないこの変化の波をうまく乗り越えていく原動力は、「この子が愛おしい」という気持ち。そう思えるようにまだ見ぬ赤ちゃんとの暮らしを想像しながら、ママと一緒に日常生活をふりかえり、コンディションを整えていくのが、親子のはじまりの場所にいる助産師の役割です。

② ヒトのお産や育児には人の手が必要

医療の場の助産師と一番長く密にかかわるのはお産のときです。出産直後、親子が視線を結びあう光景はとても美しく感動する瞬間です。

頭の大きいヒトの赤ちゃんの出産は、お母さんの身体を傷つけないよう産道をゆっくり通過させる必要があります。

助産師は基本は黒子なので目立たず、主役

である親子がその力を発揮でき、お産がうまく進むようにお手伝いをしています。また、ヒトの赤ちゃんは顔が母親の背中側を向いて生まれてくるのが一般的。手を添えないと産み落としてしまいます。そのため、産まれたらいち早く誰かに抱き上げてもらわないといけません。

さらに他の動物と違い、ヒトの赤ちゃんは

握力も弱く自らママのからだにしがみつけないため、ママの胸に赤ちゃんを寄せる手が必要です。

　ヒトの赤ちゃんは誰かの手を借りないと生きられないからこそ、多くの人と人をつないでくれる存在といえます。そして、赤ちゃんが一人いることで、そこに笑顔がうまれます。

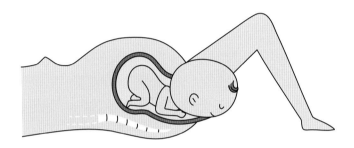

❸ 「こんなこと聞いていいのかな」は、大切な気づきです

　現在、出産の9割以上は病院・クリニックで行われ、その多くが外来と分娩・病棟に分かれ、チームで役割分担しています。お産で入院しても、顔見知りが少なくて不安に思うかもしれませんが、考え方を変えればたくさんの応援団に守られているということ。ぜひ、小さなことからスタッフと声を交わしてみてください。

　その第一歩として、「これでいいのかな」という小さな不安も、ネットで調べる前に実際に聞いてみることから始めてみてはいかがでしょうか。

（大村祥恵）

トラブルのない健康な妊婦ライフのためにまずできることってなぁに？

おなかの形に気を配り、手でふれ、目で見て 毎日の変化を確認する

① おなかの丸みをつぶさないこと

妊婦さんの神秘的なおなか曲線をつくっている子宮は、平滑筋という筋肉でできた袋状の臓器。妊娠中の子宮は張りやすく、自律神経・ストレス・腹圧・姿勢・外からの刺激など、心身からさまざまな影響を受けます。

下の図からイメージしてほしいのですが、大きくなった子宮で押された内臓の位置は妊娠前とではこれだけ大きく変わっています。ただでさえパンパンのおなかに、腹圧がかかる座り方や衣類のゴムの圧迫が加わるとさらにからだはしんどくなります。

妊娠中のからだの状態を良好に保つには、「おなかの丸みを意識すること」。猫背や巻き肩になっていませんか？　骨盤を立てて座る、30分以上座りっぱなしなどの同じ姿勢を取り続けないなど、小さなことからコツコツと取り組んでいきましょう。お風呂に入る時など、妊娠線だけでなく、おなか周りのゴム跡も要チェック！　ズボンやタイツ・ショーツのゴムも、食い込んで刺激になるので、ゴム跡のつかないタイプや丈のものに変えましょう。

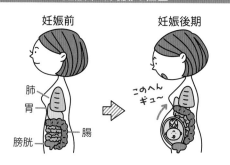

妊娠中の内臓の位置

妊娠前　　妊娠後期

肺
胃
腸
膀胱

このへんギュー〜

腹圧がかからない座り方（イスバージョン）

○　×

1 赤ちゃんが居心地いいおなかは、丸い・高い・柔らかい

2 おなかの形を目で確認。手でふれて普段の様子を知ろう

3 助産師の手には、たくさんの妊婦さんのおなかの様子と暮らし方が記憶されています

2 おなかには生活の様子があらわれている

　柔らかいおなかは、ママと赤ちゃんにとってリラックスしたよいコンディション。妊娠した子宮はとても表情豊かで、ママの生活や心身の体調にあわせて日々変化します。

　妊娠を維持するには、「おなかの張りを予防する」ことが大切です。ただ、張りに気がつかない方にも多く出会います。妊婦さんがおなかの張りを自覚するときには、すでに陣痛が起こり始めていることも少なくありません。

　子宮の様子を知るには、普段からおなかにふれたり、鏡で前や横から見たりして、柔らかさや固さ、形などを自分で確認すること。すると、「いつもと違う」に気がつくことができ、日常生活をふりかえったり、暮らし方に気を配ったりすることができます。このいつもと違うという気づきは、「何か変?!」を発見でき、育児がはじまってからも子どもの変化に気がつく目を養うことにつながります。

3 おなかのふれ方や固さがわからない時は、助産師に聞こう

　おなかの柔らかさの確認は横になってリラックスした状態で触れます。ポイントは手のひら全体でふんわりふれること。指の力は抜いて、手のひら全体で包み込むように。手のひらでおなかを上下左右にふれ、子宮の丸い輪郭を探します。指先でツンツン押したり、摩擦音が聞こえるくらいゴシゴシさすると張ることがあるので注意しましょう。

おなかのかたさの目安

★張っていない　→　くちびるくらいのかたさ

★少し張っている　→　頬骨の上くらいのかたさ

★張ってる　→　おでこくらいのかたさ

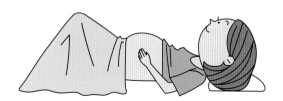

（大村祥恵）

アクティブに妊婦ライフを過ごすには？

母子手帳・妊婦健診・教室などを活用し、自分から意識して動くことがコツ

❶ 母子手帳はおなかの中の子が成長した時を見据えたメッセージで書く

妊娠すると発行される母子手帳。妊婦健診や出産の記録など医療者が記録を行う以外に、ママ自身が自分や赤ちゃんの様子を記入するページがあります。多くの小学校では道徳や理科など、命の授業が行われます。母子手帳は「自分が産まれてきた時間は、どうだったの？」というわが子からの問いのアンサーツールになります。妊娠中や出産後に親が自分に向けて書いてくれたメッセージから、「自分は愛されてきた、親に大切にされてきた」と感じることができるでしょう。

また、母子手帳には医師や助産師、その他さまざまな人の自筆が残っています。それを

見ることで、自分がここにいることは、多くの人がかかわってくれたことも実感できます。ぜひ、妊婦健診の待ち時間を活用して書いてみましょう。

> **未来の子どもに向けたメッセージを書くワンポイントアドバイス**
> - おなかを触ってどう感じるか
> - 胎児の様子を想像してみる
> - つらい症状とそれを乗り越えたこと、やってみたこと
> - パパと一緒に取り組んだこと
> - 産まれる前のママやパパの出来事、生活の様子
> - 産まれたら何がしたいか
> - 胎児ネーム

❷ 妊婦健診はスタッフと声を交わそう

毎回の妊婦健診では、ママと赤ちゃんの健康の確認があります。ただ、病院のスタッフは忙しくバタバタしているので声をかけにく

い時は、聞きたいことをメモに書いておいて、来院時に母子手帳と一緒に渡してもらうと、返答をもらいやすいです。

┌─ POINT ───┐
1 母子手帳は成長したわが子に手渡すことをイメージして書く

2 妊婦健診はわからないことをそのままにしないで聞く

3 教室は人との出会いと出産場所のリアルな情報が得られる
└───┘

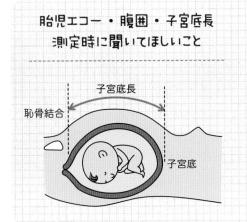

胎児エコー・腹囲・子宮底長
測定時に聞いてほしいこと

子宮底長

恥骨結合

子宮底

ママのこと

① 子宮底はどのあたりか？

② おなかは固い？ 冷たい？ 下がってる？

③ 足のむくみや冷え

おなかの赤ちゃんのこと

① 頭・背中・お尻はどこ？

② 逆子（骨盤位）や横子（横位）か

③ 推定体重（母子手帳に記録しておく）

❸ 母親教室や両親教室はインターネットにないリアルな情報があります

　分娩施設は妊婦や家族向けの教室を開催しています。分娩を担当する助産師が講師になっていることも多いので、実際にお産の呼吸法の声かけが練習できたり、分娩施設の見学などお産のイメージがわきます。

　講義のあとは、個別で質問できる場合も。経産婦さんもぜひ復習で受講しましょう。予定日が近い妊婦さん同士が出会える場でもあります。ぜひ、席がお隣同士になった人には声をかけてみて、妊娠中から顔見知りを増やしましょう。

　教室にいけない方も、助産師外来があればぜひ予約を！　助産師とゆっくり話ができる場に足を運んでみましょう。

（大村祥恵）

子育て支援は何のためにあるの？

親も子も成長でき幸せになるためにあります

❶ 産後うつから回復できた事例

Aさんの実家は県外。パパも仕事が忙しかったので、家事はAさんがほぼ一人でやっていました。地域の助産師の自宅訪問時、Aさんの乳腺炎は悪化していて、治療のために産婦人科受診を勧めました。

Aさんは疲労が強く産後うつの傾向もあり、産婦人科に併設された産後ケア施設で赤ちゃんと生活しながら、休息と育児のサポートを受けました。

乳腺炎が落ち着き自宅に戻ったAさんは、

精神科の薬を内服しながら、家族の協力や保健師・助産師の訪問、民間の家事支援も利用し、人の手を借りながら家庭での育児を始めました。

助産師はAさんが外出できるくらい元気になったタイミングで、ベビー教室を勧めてみました。Aさんはそこで仲間や講師に出会い、まわりに励まされ次第に笑顔が戻り、その間に精神科の内服薬も中止になりました。

❷ 母にそそげば子に満ちる

親は子に対して無償の愛を注ぎます。愛は赤ちゃんにとって成長の原動力であり、人生を生き抜いていく力になっていきます。そして、喜びを感じられる子育ては母親も自分自身を肯定でき、自信へとつながります。

この事例のAさんの支援のゴールは、楽しく育児ができることでした。まずはママの体

調が早く落ち着いて日常生活がおくれるように、医療の支援のバトンがうまく早くつながること。しかし、乳腺炎が落ち着いただけでは、ベースに孤立した育児環境があるAさんは元気になれません。

専門家の相談や見守りに加え、家事負担の軽減やママの居場所づくり・育児の仲間づく

りの提案という育児・生活の面もサポートを受けました。ベビー教室で育児中の親子に出会い、喜びや悩みを共有することで孤立は解消し、自分らしい育児が始まっていきました。

❸ 病院での支援から家庭へ

最近は実家のお母さんも仕事をしていたり、高齢のため里帰り出産ができず、育児の助言や身のまわりの手助けを得るのが難しいママも増えてきました。Aさんの例からも、孤立は育児の大敵といえます。これからは物の準備だけではなく、人の手や育児の知恵を借りることも、産後の準備に必要な時代になった印象です。

妊娠中は、分娩施設に医師や助産師など多くの専門家がいるので、ママや赤ちゃんの体調のこと、困りごとはすぐ聞くことができます。しかし、産後1か月過ぎたら病院とのつながりも切れるので、自分でも乳児期の頼り先を見つけておくと安心です。

保健師や地域で開業している助産師は、産後ケアや家事支援・託児等の生活支援の情報をもっています。地域での妊娠中や産後の育児支援・ママ同士の仲間づくりは、助産院・

産後ケア施設・保健センター・子育て支援センター・育児サークルなどで行っています。

病院に相談するほどではない、日ごろのちょっとした心配ごと、気になっていることの解消や、何気ない会話から気持ちが軽くなることも多いようです。育児中の親子が集う様子を妊婦さんも見学できたり、妊婦さん対象の教室もあったりするので、妊娠中から足を運んでみるのがおススメです。

（大村祥恵）

セルフケアってどこで学ぶの❓

あなたの地域にいる
あなたに見合った開業助産師から学べます

❶ 無我夢中の時期の変化は、地域の助産師とともに

　私たち生きとし生けるもののすべての営みは、親子の相互作用の中に多く見られます。

　ヒトは子ども時代の環境（社会・自然・人）の中で、自分らしさを発見し、家族や多くの人々と喜びを共有しながら、人間らしさとは何かを学んでいきます。

　それは、日常の生活の中でゆっくりと身につけた財産ですが、妊娠・出産・育児という出来事に遭遇した時、私たちは新たなヒトの心の通い合いを発見します。それを「母子相互作用」の始まりの時とするのです。

　妊娠中からの新たな経験は無我夢中で、「驚き」から「感動」へ変化する毎日です。

　繰り返す育児中の驚きに自分の力で対応できるように、そして、「あなたらしい目標」に近づけるよう、指さしてあなたのからだと

こころとに伴走していこうと努力しているのが地域の助産師なのです。

　現代は、多様化する考えや生活なので、自分らしさを発揮できますが子育てモデルの少ない環境になり、孤立化した家族が増えています。

　地域の助産師はあなたと同じ自然環境に住み、その土地の旬の食べ物を愛でる日常生活をおくっています。ですから、**その地域で生活する母と子の姿を大きくとらえることができるため、細やかな日常生活での応援が得意なんです。知恵と優しさを持ち合わせたよきアドバイザーなんです。**

　さあ！　一人で頑張らないで、あなたに合った地域の助産師を探してみましょう。

❷ 最初は大人、そのうち赤ちゃんが「手綱」を引く

妊娠に気がつく頃、あなたとパートナーは各々の役割を理解し始めます。あなたが乗り越えようとすることへの手助けをするパートナー…。あなたは心からそんなパートナーを必要としていることに気づかれるでしょう。そうやって二人は赤ちゃんの育つための生活環境の前提条件をつくり始めるのです。

その頃、おなかの赤ちゃんは、あなたの日常生活から聞こえてくる音・声を全身で感じながらあなたと共に毎日を過ごしています。

そして、母のからだが熟した時、ゆっくりと地球へ生まれようとするのです。

❸ 子どもは「十人十色」「百人百色」

赤ちゃんは大人の真似をしながら育っていきます。ということは近くにいる父と母を見つめながら育っていくわけです。つきっきりになる大人たちが必要な時期だから……赤ちゃんが人間になるように励ましながら子育てしましょう。

赤ちゃんは自分の能力を知っていても伝えることはできません。そんな時、地域の助産師は一人ひとりに合わせた細やかなアドバイスをしてくれることでしょう。

生まれ方も十人十色です。大人を見ながら育つ赤ちゃん、自分の色で輝いてほしいものです。

（村口裕美）

赤ちゃんの周りには何がある……？

あなたを支える生活環境のすべてなのです

❶ あなたの声を繰り返し聞きたい赤ちゃん

　妊娠前からの日常生活は「あなた自身の目安時間」。とてもあいまいでしたね。

　赤ちゃんは妊娠中からあなたの生きる力の基本がそこにあることを学んでいます。そしてあなたのからだが温かく、日常生活から見た世界に楽しみが多いと喜んでくれるでしょう。

　一方、あなたが根拠に基づく赤ちゃんとの生活の知識を学んだことも知っています。この部分は赤ちゃんとの相互の作用ですので生活を邪魔されることなく、助産師からのアドバイスが受けられるといいですね。「授乳と情動」「抱っこと姿勢」「言葉かけと歌」「おむつ替えとタッチケア」「健康と食」「休息とリラックス」などです。

　さらに、さまざまなホルモンの変化の影響で不快な症状（つわり・めまい・便秘・腰背部痛・むねやけ・痒み・むくみ等）も出てきます。赤ちゃんはそんなつらさにも向き合い、ゆっくりと豊かにお母さんになっていくあなたに会える日を待ちわびていくことでしょう。

　あなた自身のたくましい人間らしさの日常と、あいまいさの振る舞いも感じながら、生きていくリズムを共有するのですから、いつもあなたの声を聴きたくなるのです。

　どんな小さなことでもバランスが大切です。「知識」は大切ですが赤ちゃんからのサインに応える為には、あなた自身の「知恵」も必要になってきます。「知識」と「知恵」のバランスがとれると楽な育児につながることになりますよ。

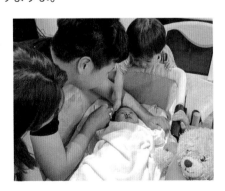

❷「心地よい」は命の最高位

　いつもの青い空の下を散歩すると、どんな気分になりますか？

　おひさまをまぶしく感じますか？

　大きな木の下にいると大きく深呼吸したくなりませんか？

　砂浜を素足で歩くと、波の音に合わせてゆっくりと歩いてみたくなりませんか？

　そして、思わず、大きくなったおなかを撫でて、あなたの思いを赤ちゃんに伝えたくなりませんか？

　「風が吹いてるよ！」「ありがとう！」など、どんなことでも赤ちゃんに伝えてあげましょう。このような　日常の秩序の中で感じ合う母と子の共鳴感覚は、互いを認め合い、とても心地よいものです。

　「心地よい」は命の最高位と言われます。妊娠中から習慣にできるといいですね。

❸　小さな命をいただく

　妊娠10週から胎児と呼ばれるようになるとヒトになるために赤ちゃんは育ち盛りに入ります。人として生きていくための健康管理の一つ「噛むこと」へのスタートも始まります。

　赤ちゃんはあなたの食事風景が学びの場です。ゆっくりとよく噛んで唾液をしっかり出しながら動・植物の小さな命を「いただきます」と手を合わせた後、口に運びますね。

　できるだけ、その土地で生産された季節のものに心を配ってみましょう。

　近年、妊娠糖尿病の妊婦さんの数が急増しています。発酵食品である「具だくさんのお味噌汁」は胸を張っておすすめしたい家庭料理です。妊婦検診の日の朝食は普通に食べて、検診を受けましょう。

　産婦人科の先生・栄養士さんの指導が必要になると、日常生活は一変してしまいます。

（村口裕美）

赤ちゃんが「健康」って どういうこと？

「からだにある眼・耳・鼻・口・大、小の排泄器」を フル回転することなのです

母は26歳。父は26歳。第1子。

二人は、私を①母の両乳頭陥没対応ができる職能であること、②出産後のいつでも・なんでも相談にのってもらえる人という理由でかかりつけ助産師として選び、自宅で産後の生活をする選択をされました。

父は育児休業制度を利用、母の実母と姉は食事づくりと団らんづくりの応援です。私は、対面指導を控えながらコロナ禍オンライン応援が中心です。

❶「赤ちゃんにおっぱいを直接飲ませられるコツ」をつかむことが母の目標

❷「わが子の扱いに慣れていくこと・母のからだをリラクゼーションさせること」の練習が父の目標

❸「母の乳首を全身で感じながら、自分のお口の力を試す授乳ができるようになること」が赤ちゃんの努力目標としました。

なんと父は布おむつにも挑戦され、「赤ちゃんのウンチは浸けておくと水に浮くんですね？」と毎日のおむつの洗濯も面白く楽しん

でます。あっぱれ！です。

母は「上手におっぱいを飲んでくれる日が多くなりました。でも、夜が……眠くて〜」と母親になることの道のりが少しわかり始めてこられた感じです。

赤ちゃんは、おっぱい飲んだり、泣いたり、笑ったり、くしゃみしたりと忙しい。しかし、おしっこ・ウンチの出し具合も上等。

赤ちゃんが目覚めていると父と母は赤ちゃんのそばに向かい、名前を何度も読んで、赤ちゃんのからだを触っています。そして、「飲みたいのかなあ？」「おしっこ出たみたい！」と言葉をかけ合いながら、赤ちゃんをのぞき込んでのお世話です。

一方、赤ちゃんはからだにある眼・耳・鼻・口・大、小の排泄器をフル回転させながら、母と父をのぞき込んでいるのです。

❶ 笑いあって産後を過ごすために赤ちゃんの「からだの観察」は必須なんです

お母さんのおなかの中からお外へ出たら、

- お母さんの声を両方の耳で聴き分け…
- お母さんのにおいをクンクンかき分け…
- お母さんとつながるために自分の力でお口を使って、おっぱいぺろぺろなめたり、含んだりして…

- からだに必要でないものはおしっことウンチをからだの外に出して

ただ、それだけの繰り返しをするだけの毎日が赤ちゃんの生活です。

❷ 笑いあって産後を過ごすために自分の「いいところ・できる力」を出しきろう

お母さん、赤ちゃんが見つめていますよ。時には鏡をのぞいて「いいお顔」をしてみましょう。

乳頭保護具に慣れた赤ちゃんは混乱してます。

「もう少し保護具をつけて飲んでみようね。お母さんの乳首が舌でなめられるようになるまで、お母さんも自分でできる乳頭マッサージするからね。待っててね！」

❷ 母と子の相互作用って自分ではなかなか気づけません

お母さんが力を緩めて優しく抱くと、赤ちゃんは口を大きく開けるかもしれません。

助産師は、お母さんのからだを診て、赤ちゃんとの相互の作用の説明をしていきます。

からだにある「眼・耳・鼻・口・大、小の排泄器」をフル回転させる知識が入ると、赤ちゃんのお世話を楽しんでみようと思えるかもしれません。

（村口裕美）

保健師さんって何してるの？

保健師は地域の健康マネージャーです

❶ みんなの命を守る

　保健師というと、子育て中の方なら、市町村の乳幼児健診の時にいる人というイメージでしょうか。実は、保健師は役所にいる他、病院、一般の企業、学校、福祉施設などにもいます。乳幼児から高齢者まで、あらゆる世代の健康を守る専門職なのです。

　保健師の歴史を紐解くと、戦後「乳児の死亡を減らす」「産後に亡くなる母親を減らす」という活動から、「結核」「水俣病など公害」、食生活の変化で起こる「成人病の予防」。栄養、休養の取り方、「よりよい健康づくり」「寝たきりや介護予防」「難病」「精神疾患」「アルコール依存」「引きこもり」「災害時活動」など、社会の変化にあわせて出てくるすべての人々の健康にかかわる活動をしています。

❷ 親子に寄り添う

　母子保健についていえば、保健師は、妊娠届を受けたときから、お子さん、お母さんの健康のことを考えていきます。妊娠中、出産後の生活、安心して子育てができるようにお子さんの子育てや、お母さんの健康をみて、必要に応じて、他専門職と力をあわせて子育てを一緒に考えていきます。

　保健師は、地域住民の健康課題を常に把握、分析、事業化を考えています。例えば、2017年以降でてきた産後ケア。この事業が必要となった「子育ての背景」がいくつかあるわけですが、保健師は利用している親子さんの状態を把握し、分析をすることで、地域の子育ての課題を探すことができます。それをもとに、市町村に必要な子育て支援体制を企画、実現できる、それが自治体の保健師です。

3 コーディネート

このような子育て支援の変化の中、助産師、栄養士、歯科衛生士、理学療法士、作業療法士、心理士などたくさんの保健の専門家が地域で活躍するようになりました。

乳幼児健診では、発達の状態をチェックするとともに、子育での疑問や悩みをうかがいながら、今後の子育て、お子さんの育ちを予測していきます。そして、先回りして、次なる一手を考えています。

保健師は、今起こっていることへの原因分析（含仮説）をして、よりスペシャルな支援が必要であると判断したら、関係する専門職と、親子さんを軸によりよい子育て方法を考えます。そして、それをだれが担うのがベストなのかコーディネートする役割を担っています。

保健師は、現時点でつながっている専門職、関係機関の支援の横のつながりをコーディネート。そして、就学前のお子さんなら小学校へと、次につなげていく縦のつながりの支援をコーディネートしていくという役割もあります。

（町村純子）

わたしの子育てに 保健師さんを役立てるには？

あなたの子育て、保健師にきかせてください！

❶ 引き出し上手

「保健師さんって、健診、家庭訪問などの時、発達をチェックしているけど、何のため？」

実は、発達を線でつなげてみて、お子さんの発達、育ちの流れをみています。今の状態をみて、今後の育てにくさ（育ちにくさ）を予測して、今から予防をしていくためなのです。

そのために、「なんで、このような発達が起こっているのか？」と、お子さんを見ながら、子育ての仕方、日常生活のこと、子育て環境などを聞きながらいろいろな角度から考えています。

例えば、「下におろすと泣くので、ずっと抱いています」と言われたら、会話のなかで

「普段どのような遊びをしていますか？」と聞きながら、脱力して丸くなれる？ うつ伏せになれる？ などを確認をします。

「便は、1日に何回、どんな便がでますか？」と聞きながら、おなかの筋肉の柔らかさを確認して腹式呼吸ができるかを見ます。

「子育てで疲れていないですか？ 寝られていますか？ 食事は？」と聞きながら、体にふれて筋肉のこわばりを確認します。また、「お布団の状態」「お部屋の温度」などを確認しながら、いろいろな角度から原因を考えます。

❷ 一緒に考える

そして、原因が予測できたら、養育者の生活パターンに合わせて、どんな時に、どのくらいのことができるかを一緒に考えます。

例えば、からだを緩めるための首のマッサー

ジ（プログラム「かたつむり」P142）、「お風呂はだれが入れますか？」など確認しながら、お風呂に入る前、体を洗う時、お風呂から出て体を拭きながら行うのはどうですか？ また、

朝目覚めるときに足裏マッサージ（プログラム P158）を行ってみませんか？ など日常生活の子育ての中で実行できることを、一緒に考えていきます。

【最初の姿勢】可能な限り、立ったときの足裏の位置となるように意識してください。

最初の姿勢

①踵全体を少し圧をかけながら、両手でくるくると柔らかくしていきます。

②踵が柔らかくなったら、徐々に足指に向かって、全体をくるくると柔らかくしていきます。

③

プログラムの解説

　誕生した時から、歩く足をイメージしておこなってください。足裏は全身の筋肉とも繋がっていますので、うつ伏せ、お座り、ハイハイなどのときにも、使っています。いろいろな動きを学習して、歩行の時にはバランスよい歩行ができるとよいです。そして、歩行にとどまらず、スポーツにおいても安定した重心移動、バランスの良い動きができることでしょう。

❸ 橋渡し

「いつでもどこでも聞きたいときに相談でき、的確なアドバイスをもらえる」そんな子育て環境を実現するために、地域にはいろいろな子育て支援があります。保健師は、地域の情報をもっていますから、気軽に聞いてください。

❶ 子育ての学びの場
　　わが子にあったスペシャルな子育ての学びの場／一般的な子育てを学ぶ場
❷ リフレッシュできる場
❸ 親子で遊べる場
❹ 専門家による支援が受けられる場
❺ 地域住民の自主的な集まりの場

（町村純子）

子育て相談は、心配なこと、不安なことがあったときに行くところ？

必要な情報が手に入り、実践、評価を一緒に考えてくれるところ

　自治体の保健師をしていた時に行った住民全員を対象にした健康相談を紹介します。

　町の保健師5人のうち、保健師のトップと3番目の保健師が産休、育休となり、代わりの保健師が見つからない中、3人の保健師だけで、限られた予算の中で事業をすることになった時のこと。3人で、町の現状から、何が必要なのか考え、すべての事業の見直しを、毎日、毎日行いました。その時に、二つの事業を合わせてできたのが、**総合健康相談**でした。

母子相談
- 月1回 午前・午後
- 保健師2名
- 助産師1名

成人健康相談
- 毎週1回午前 ・ 栄養士1名
- 保健師1名
- 歯科衛生士1名

総合健康相談
- 毎週1回 午前・午後
- 保健師3名
- 助産師1名(月1回)
- 栄養士1名(毎週午前)
- 歯科衛生士1名(毎週午前)
- 精神科医師(月1回 県立病院)

新たな事業
- ●乳幼児健診、家庭訪問後の継続支援
- ●成人の検診後の継続支援
- ●各種教室後の自主サークル支援
- ●精神的な悩み相談(全年齢、家庭訪問可)

① 気軽にみんなで行こう

　会場は、玄関からすぐの大きなフロアと、その奥には一段高くなって和室があります。和室には、お子さんが遊べるおもちゃ、フリードリンクコーナーにはポットと茶器、お茶、コーヒーなどを用意しました。

　各種教室後の自主サークルの方々も参加し、フリードリンクを利用し、会議やおしゃべりをしている姿も見かけられました。

　お孫さんを日中預かっている方、ご自身の血圧測定や尿検査をしながら、お孫さんの体重、身長測定、母子手帳に記入。ついでに、お孫さんの食べるものなどを栄養士さんに質問し、旬のものを使って、ご家族の食事と乳幼児への食事のアドバイスを聞いている方もいらっしゃいました。

　栄養士さんに、疾患があって特別な食事をつくる時のポイントなどを聞きながら、歯周疾患や食べるための口のお話を歯科衛生士さ

んがしていることもありました。

お子さんの身長、体重を測りながら、助産師さんから産後のお母さんの体調の確認とアドバイス、場合によっては、血圧測定と尿検査をすることも。また、気持ちがすぐれない

ときには、精神科のドクターの面談も受けられました。

乳幼児健診では、細かい話ができないので、場合によっては、個室でゆっくり面談できました。

❷ 専門職がそばで見守る

受付で母子手帳や成人健康手帳をお預かりし、事前情報をもとに、受付者は目的の専門職に個人カードを渡します。受けた専門職は、その都度、みなさんのそばにいきます。事前打ち合わせをして、複数でそばに行く場合と、声をかけて複数になる場合と、いろいろです。

お子さんは体重測定時、おむつ一枚になりますので、保健師はお子さんの発達状態、お母さんの抱き方や衣服の着脱などのかかわり

方をみて、必要と思われることを話題にします。

精神科的な相談は、ご本人が会場に来られず、ご家族からの相談が少なくありません。その場合、精神科の先生と保健師の2人で家庭訪問を行います。何度も訪問するうちに、信頼関係ができ、医療につながることもありました。

中には、治療がはじまり、生活が変わり、作業所まで一般のバスで行くことができるようになった方もいらっしゃいました。

❸ 共に学び、成長することを支え合うあう

総合健康相談には、いろいろな方が同じ空間にいます。お孫さんを預かっている方と、お母さんが話をする機会もあります。「昔の子育て、今の子育ての違い」「お姑さん、お

嫁さんとの関係」などが話題になることも。そのことにより、自分の家族との関係を改めて、考える場になっていたのではないかと思っています。

（町村純子）

療育の現場って何するの？

療育の捉え方は多種多様。
その子らしく社会に参加するきっかけを、
親子で一緒に育みます

1 親子で育つきっかけづくり

「この子の発達のために療育を受けた方が
いいですよ」

年齢が進むにつれ、〇歳児健診や保育園、
保健センターなどで療育を勧められる場合が
あります。そもそも療育とは何でしょうか？

厚生労働省によると、「障害のある子ども
に対し、身体的・精神的機能の適正な発達を
促し、日常生活及び社会生活を円滑に営める
ようにするために行う、それぞれの障害の特
性に応じた、福祉的、心理的、教育的及び医
療的な援助である」としています。

ここに「障害」という言葉がでてきますが、
私たちは「障害＝体験できないこと」と捉え
ています。体が思うように動かない、じっと
していられない、言葉がでない。このような
相談はよく受けますが、運動ができるように
なっても、大人のいうことに従うようになっ
ても、学校や保育園、社会の中にその子がイ
キイキと参加できていなければとてももった
いないと思います。

つまり私たちが考える療育とは、お子さん
の発達に関しての問題解決の場ではなく、理
想の子育て、将来の理想の家族像など、なり
たい自分、なりたい家族に近づくためのきっ
かけとなる支援なのです。

② どんな専門家がいてどこでやっているの？

療育現場には、理学療法士、作業療法士、言語聴覚士、保健師など発達に関わる専門家がいます。

医療現場（リハビリテーション）や福祉施設などの他、保健センターや役所など、専門家の活動場所はさまざまです。

依頼を受けて保育園や学校を巡回したり、地域を回ることもあります。こどもや家族の状況に応じて助言を行いながら、こどもや家族が自らの幸福に向かって進むことを応援します。

③ どんなことをしているの？

決められたプログラムはありません。行う場所や専門家によってアプローチの方法はさまざまですが、一番大切にしていることは目標設定です。

理想の子育てやなりたい自分、なりたい家族のイメージを共有して、そこから逆算して、必要なことを提供していきます。親子で一緒に体操をしたりマッサージをしたり、遊具をつかって遊んだり、時には話をしながら発達に

必要なエッセンスを伝え取り組んでいきます（具体的な取り組みについては、次頁以降で紹介しています）。

（鹿野昭幸）

個性的なわが子にあった
子育てを学ぶためには？

親子で成長するストーリーの実感と共有

① 親子で成長

　乳幼児期は、障害の有無にかかわらず、こどもの生涯にわたる人間形成にとって極めて重要な時期です。そのために、地域には県などから指定をうけた「児童発達支援」という事業所があります。ここは、ちょっと気になるお子さんや障害のあるお子さんが、小学校入学前まで利用できます。

　ここには、お子さんが将来、無理することなく自分らしく生きていくために、発達特性に合ったスペシャルな子育てが用意されています。

　「おぎゃー」と生まれたその日は、お子さんは育っていく、ご両親は親として育っていくスタートラインに立ったと思ってください。

　そして、今気になっている育てにくさ（育ちにくさ）を、気づいた時点で解決していけたら、発達とともに起こるであろう別の困りごとへの予防ができると考えます。

　そして、毎回のスペシャルな子育てを一緒に体験していくことで、お子さんの成長を実感でき、親としても成長していけると思っています。

② 支え合いの中で

　子育てにマニュアルなんてありません。乳幼児期は、まだ保護されて成長していく時期で、ご両親にとっては、密にかかわれる、楽しい時期でもあります。

　児童発達支援一期は、1日定員10人の親子通園（原則）です。月曜日から金曜日、い

ろいろなタイプのお子さんが利用しています。毎回、お昼寝の時間は、保護者の方のお茶会です。大きな笑い声が聞こえない日はありません。そのような中で、「うちの子は大きな声で騒ぎ、動き回るけど、他のお子さんに迷惑にならないかな」「今している子育てでよ

いのかな？」「朝から、怒鳴ってしまって気持ちが沈む」など悩む保護者の方がいれば、自分の今までの経験や、自分たち親子での経験などを話しながら、心を支え合っています。

そして、わが子以外のお子さんにも、自然と愛情が注がれていきます。それは、お子さんにとっても、信頼できる人が増えるということにつながる、と思っています。

③ 自然発生の場

開設当初から、保護者会はつくらないと決めていました。それは、保護者の方々が仲間としてお互いを求め、お互いを親として高め合い、お子さんが自分らしく生きるための社会の夢を語ってほしいと願ったからです。

そして、その中からリーダーが育ち、将来仲間とともに社会を変えていく力をもつ人が出てくることを願っています。自然発生したものは、人が変わっても受け継がれていくことを実感しています。

（町村純子）

障がいのあるなしにかかわらず、親子がワクワクを楽しむには❓

地域の中で、アート展を開いちゃう！

❶ 社会参加からはじめよう！

　障がいのあるなしにかかわらず、すべての人には自分らしく充実した人生を送る権利があります。世界生活機能分類（ICF）の中では、「参加」（社会の中に参加すること）に位置づけられており、地域のイベントを楽しむことや余暇活動にかかわることが人生の豊かさにつながると考えます。

❷ こどものGIFTに気づく！

　こどもの障がいだけに目を向けるのではなく、そのこども一人ひとりがもっている興味や夢中になれる作業を見つけます。

　こどもが一つの作業に夢中になっている姿こそが「その人らしさ＝GIFT」と言えます。

③ アートでまちづくり！

　はびりすを利用しているこどもとお母さんによるアート展覧会「GIFT？展」をまちの中にあるカフェで企画・開催しました。

　参加したこどもたちは、絵を描くことや、工作することに夢中になれる GIFT をもっています。ある男の子は幼保園の時に見た節分のオニに魅せられて、今でも、その時に見たオニの姿を正確に描き続けています。まさに、こどもアーティストといえる彼らの熱量ある作品を一堂に展示公開しました。

　展覧会が始まる前は、こどもの絵をたくさんの人に見てもらうことに自信がもてなかっ

たお母さんが、来場者にこどもが絵に興味をもつようになったきっかけやこれまでの背景をとても明るく、話す姿が見られるようになりました。

　地域の新聞の記事掲載や市の教育教育委員会の後援も得て、男の子が通う小学校の校長や同級生たちが展覧会に足を運んでくれました。学校では、気づけなかった男の子の GIFT に先生や同級生が気づく機会になりました。

（原　正憲）

豊かなコミュニケーションを
育むには？

今できるコミュニケーションをひろげることが
いちばんの育ちになる

❶ コミュニケーションって楽しい

「あの子が何を伝えたいのかもっと知りたい」
「私もあの子にわかりやすく伝えたり、け
　んかしたりしてみたい」
　こどものことばが出なくて悩んでいるお母
さんの一言です。
　コミュニケーションに課題のある人がより
豊かな対話を行うための練習方法の一つとし
てPECS（絵カード交換式コミュニケーション・
システム）という方法があります[1]。ほしい
ものなどの伝えたい事象が描かれた絵カード
を自発的に手渡し伝えることで、機能的で豊
かなコミュニケーションを実現します。

　一方でコミュニケーションに絵カードを使
用することにためらいや戸惑いを覚える家族
は少なくありません。
　「話すことをあきらめるということなのだ
ろうか？」
　そうではありません。カードを手渡し、「こっ
ちが好き」「これを先にやりたい」といった
やりとりを行い、「やりとりするのは楽しい
な！」という双方向的なコミュニケーション
の楽しさを知ってほしいのです。それがコミュ
ニケーションの大切な土台になります。

❷ あなたの大好きなものはなに？

　コミュニケーションの方法は絵カード、ハ
ンドサインや文字、身振りや表情、音声言語
などさまざまです。コミュニケーションのきっ
かけはこどもが大好きなものや関心をもって

いることが多く、こどもの興味や関心、ツボ
のようなものを探していく道のりはとても楽
しいものです。また、こどもの見ている風景
と私たちの見ている風景は同じであるとは限

りません。大好きなブランコに寝そべって見る天井の模様がその子にとっての「ブランコの風景」であることもあります。

　好きな事象、見ている風景を通じて、その子が今できるコミュニケーションをひろげていくことが、豊かで楽しいコミュニケーションのいちばんの育ちになります。

「車大好き！」あなたの好きな車はどれ？

❸「ちょきちょきクラブ」〜ものづくりをとおして対話する〜

　絵カードや視覚支援グッズを手づくりする「ちょきちょきクラブ」という会があります。対象者は「見るとよくわかる」こどもを育てている家族や、療育施設などでこどもに関わる支援者です。

　ことばで伝えてこない子とどうやってやりとりしたらいいの？　学校で視力検査があるんだけど…。自分で体を洗えるといいな。お母さんたちと、テレビのリモコンの写真カード、視力検査の練習グッズ、お風呂の手順カードなどのものづくりを一緒にしながら、その子の好きな色や遊び、子育ての不安や「あの子と通じ合いたい！」という想いなど、つきることのない対話を重ねていきます。

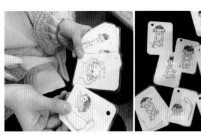

お風呂の手順カードを順番に並び替え
お母さんとの協働作業

視力検査の練習グッズつくり
（ちょきちょきクラブ）

（北島静香）

子育て大変だけれど、どうせ社会は変わらないのでは❓

あなたの声は宝物。あなたへの共感が社会を変えます。

❶ あなたにできる形で、言葉にしたり、記録をしてみよう。

子育てをしていると、いろんな「困った」に出会いますよね。子どもや自分のことだけでなく、ときには、社会の仕組みがうまく使えなくて、残念な思いをしたり、我慢をしたり。

私自身も、5人の子どものうち待機児童3回！　その都度、自分を否定されているようで、シュンとさみしい気持ちになったことを覚えています。

もしできるなら、あなたにできる形で出来事や今の気持ちを記録してみましょう。写真でもいい、SNSでもいい、日記でもいい、メモでもいい。スッキリして客観的になれます。そして、悔しさの先にある「幸せになりたい」思いを確認してみてください。

❷ 「幸せになりたい！」を発信してみよう

もっと夫の帰る時間が早くなったら、夫婦で子育てしたいな。

お産の前からずっと助産師に寄り添ってもらえたら、安心できそうだな。

（みんなそうだから、しょうがないな）（うるさい人と思われるんじゃないかな）（私だけわがまま言っていいのかな）
とあきらめていることがありませんか？

当事者じゃないと見過ごしてしまう穴（不足）って、思いのほかたくさんあるようです。

さて、人というのは、目の前に抜けた部分や欠けた部分が見えてしまうと、自然と穴を埋めたくなるのだそう。

私は発信したことで、思いのほか周囲に共感してもらったり、実際に助けてもらったことがたくさんあります。

「この穴が埋まったら、もっと幸せな世の中になるのにな」

あなたの気づきは、社会にとって宝物です。

❸ みんな幸せになっていいんです

あなたは、憲法13条を読んだことがありますか？

「生命、自由及び幸福追求に対する国民の権利については、公共の福祉に反しない限り、立法その他の国政の上で、最大の尊重を必要とする。」

個人の尊重を最高の人権価値とし、生命、自由及び幸福追求の権利を保障しています。誰かの幸せとぶつからない限り、大人も子どもも、障害があってもなくても、男性も女性も、みんな幸せになる権利があります。

行政は、憲法にのっとって運営されています。

つまり、みんなの「幸せになりたい」を話し合って、調整して実現していくのが行政の役割です。でも、ひとつ大きな大きな問題があります。行政に声が届いている課題は反映されやすいけれど、声が届かないものは反映されにくいのです。

そう、子どもの世話や家庭のことで忙しいお父さんお母さんの声が、なかなか拾いにくいから、使い勝手が悪いのが現実です。私は市議会議員になってから、「子育て中の方々にはどうでしょうか？」と聞かれることが多くてうれしくなりました。行政の現場にとっても、集まる当事者の声は宝物です。

私たち議員の中にも、あなたの声を代弁したいと思っている人がたくさんいます。

私が好きなアフリカには「早く行きたければひとりで行け、遠くに行きたければみんなで行け」、という格言があります。

ぜひ、「こうだったら幸せになれる」「こんなふうにして幸せになりたい」と、みんなで共感し、つながって変えていきましょう。

（山口ひとみ）

障がい者の人生を支える
まちを目指して

1 弱い立場の方々の支援を
市政の最重点に

　私の次男は自閉症を伴う最重度の知的障が
い者です。人様のお世話にならなければ暮ら
していくことができない弱い立場にいます。

　自分がその立場になってみると、病気や事
故、ケガ、精神疾患、社会の変化による経済
困窮など、困難に直面されている方々が数多
くおられることが見えてきます。

　しかし、それは決して特殊なことではあり
ません。誰もが弱い立場になり得ます。です
から、すべての市民にとって、常に「自分ご
と」なのです。

　だからこそ、どんな時どんな立場の方でも
助けてほしいと声を出すことができ、それに
応えられるまちをつくりたいと考え、弱い立
場の方々の支援を市政の最重点に位置づけて
きました。

2 障がい児者の支援は
その大きな柱の一つ

　2016（平成28）年の市長就任後、子どもた
ちを切れ目なく支援するための発達支援セン
ターに専任の専門人材を招聘して体制の強化
を図ったほか、市営の児童精神科診療所「飛
騨市こどものこころクリニック」の開設、就
労継続支援事業所の設置支援、児童発達支援
施設や多機能型障がい者支援施設、障がい者
グループホームの整備などを進め、医療的ケ
アのある重度の身体障がい者を職員としての
採用などにもチャレンジしてきました。

　2018（平成30）年度からは、NPO法人は
びりすのみなさんと連携協働し、リハビリに
重点を置いた市直営の放課後等デイサービス
や保育所等訪問支援事業などに取り組んでい
ます。

3 専門人材が強みを持ち寄って、人生を丸ごと支援する体制づくり

その先に描いたのは、すべての専門領域が連携し、それぞれが主体となって、困難を抱える方々の人生を丸ごと支援する体制づくりでした。この分野は専門性が高く、細分化されており、それが壁となるケースが見られます。

しかし、当事者は、一人の変わらぬ人間であり、専門分野とは関係がありません。それだけに、一人ひとりの困りごとを起点に、専門人材が強みを持ち寄って関わる体制こそが必要なのです。

それが2021（令和3）年度から立ち上げた地域生活安心支援センター「ふらっと」です。作業療法士や看護師、教員OBなどの専門人材を擁し、障がい児者をはじめ、学校などの

教育現場での支援や引きこもりの青年たちの支援なども行っています。

また、基幹相談支援センターとして位置づけ、障がいだけではなく、さまざまな困りごとに24時間体制で個別に対応するとともに、介護や医療、高齢者支援、生活困窮者支援などを担当する市役所関係課を含む諸機関を巻き込み、多方面から支援する活動を進めています。

4 全国の支援人材が交流する飛騨フォーラムを開催

さらに、ふらっとが中心となって、2020年度より全国の支援人材が交流するフォーラムを開催しています。支援するのは人です。専門人材が切磋琢磨し、共に語り合い、知見を共有することで、その力が高まります。

飛騨市を全国の志ある方々が集まる舞台とし、共に支援する力を伸ばしていきたいと思っています。

（都竹淳也）

〈引用・参考文献〉

| P10 | 1）公益社団法人日本助産師会「助産師声明／コア・コンピテンシー」2021 |
| | 2）明和政子『ヒトの発達の謎を解く──胎児期から人類の未来まで』ちくま書房，2019 |

| P12 | 1）北村俊則著『周産期ボンディングとボンディング障害──子どもを愛せない親たち』ミネルヴァ書房，2019 |
| | 2）小林いづみ・原田美佐子著『心と体がラクになる産後の骨盤ケア』家の光協会，2019 |

| P24 | 1）厚生省健康政策局計画課『ふみしめて五十年──保健婦活動の歴史』日本公衆衛生協会，1993 |

| P26 | 1）町村純子監修『子どもの成長と発達を支援するベビーマッサージ──身体調和体操にトライ』東京法規出版，2007 |
| | 2）町村純子編著『まちむら式身体調和支援──歌に合わせてマッサージ』ゆう地域支援事業團 JUN BOOKS，2011 |

| P36 | 2）アンディ・ボンディ，ロリ・フロスト著，園山繁樹・竹内康二訳『自閉症児と絵カードでコミュニケーション── PECS と AAC』二瓶社，2006 |

Part 2

胎児期から親子で発達

つわり中、これからどうなるの？

母と子はこころもからだも一心同体

❶ 花のつぼみがふくらむ時、そっと自分を眺めてみよう

つわりの語源は「つわぶく」と言われ、あなたが娘から母になろうとしている瞬間という意味なのだそうです。

今まで体験したことのないほどの体調の変化に驚いている頃、実母はあなたの食べ物への関心の変化を見て「妊娠」を疑い喜びます。この時期の赤ちゃんは、あなたのからだにある栄養で十分なのですが実母は口あたりのよい食べ物を少しずつ食べるよう励ましていきます。

そんな中で、あなたは、安心と喜びと不安を同時に感じながら、「わが子としてイメージできる姿」を思い、静かに肩の力を抜き一呼吸しては目を閉じ、自分を選んだ小さな命を見つめようとしていきます。

その頃、真っ暗な子宮の中の赤ちゃんは、進化の過程ではまだ海の中の生物かもしれません。

あなたも赤ちゃんも「これから先、どうなっていくのかしら？」と不安と喜びの中、一心同体で歩んでいくわけです。

❷ かんたんなことは続けよう

朝日とともに目覚め、変わることのない自然界のリズムに合わせた生活を試してみませんか？

「おはよう！」「ありがとう！」と自分自身と赤ちゃんに向けて語りましょう。

静かな呼吸に意識を向けて思いっきり力を抜きます。

座ることができるようであれば、あぐらを組んで壁に背を添わせ背筋が伸びることを意識していきましょう。

環境の変化に敏感になりやすく、イライラすることが多い日々。気持ちを和らげる音楽

を積極的に聞いてみませんか。あなたを通しながら、あなたと同じ気持ちの赤ちゃんがいると感じられるといいですね。

簡単なことは毎日続けて習慣化していきましょう。

出産後の母と子の生活の中で、赤ちゃんが思い出してくれるに違いありません。

❸ 胎児とともに激しく変化する自分の体調

妊娠するとたくさんのホルモンの変化のために、不快な症状に悩まされますが、温もり（温熱刺激・靴下の重ね履き等）は、それらを解消してくれます。

つわりのある妊婦さん（50〜80％）は、つわりの中で産婦人科を受診すると「超音波断層法」で先生が詳しくあなたの子宮の中の

様子を説明してくれます。

あなたはここで、赤ちゃんの様子を確認でき、妊娠している実感が湧いてくるようになるでしょう。自分を母として選んだ赤ちゃんに、その時の感動を言葉にのせると赤ちゃんは大喜びするに違いありません。

青い空、白い雲、木々の碧さ、季節の花々……この世界のすべてのものを赤ちゃんに伝えられるのは、今、あなたしかいないのです。さらにパートナーと喜びを共有するとこころもあたたまり赤ちゃんに温もりが届きます。

地域の助産師たちはからだをあたためるケアを施し、「赤ちゃんも喜ぶおうちでできるセルフケア」を伝えてくれるでしょう。

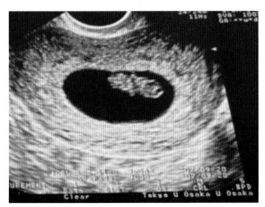

超音波断層法

（村口裕美）

「早寝・早起き・朝ごはん」って誰のためにやってるの❓

かなり得する母と子へのプレゼント

❶ 今日のすべてを手放して休む

あなたが胎動を感じる時、幸せを感じるでしょう。笑顔も多くなり、家事仕事も苦痛にならない心境の頃です。そんな妊娠中期でも不快さはありますが、それらを和らげるのに効果があるのが自分に合った軽い運動やストレッチです。

赤ちゃんとリズムのある生活を実行し、あなたの妊娠前の日常生活のあいまいさはつわりを乗り越え、胎児に合わせたリズムある生活に臨機応変に対応できるようになっているでしょうか？

赤ちゃんの発育は急激に進んでいきます。口・手・足を使いながら羊水の中で5感がぐんと発達し、生まれてからのからだの動きの準備をしています。あなたのからだは身軽に

動けるようになり、母と子の相互作用は目をみはるものがあるのです。

あなたがお風呂の中で、手先・足先をもみながらおなかも優しく両手で撫でて洗ってみると赤ちゃんはどんな反応をするでしょうか？やってみましょう!!

さあ!! 今日のことをすべて手放し、溜息呼吸をしながら、ゆるゆるとからだとこころを緩めたら21時にはお布団に入りましょう。今日に続いて発育する赤ちゃんの明日が待っています。

運動ができない、また。自分に合った運動が適切かどうかわからないなどの時は、あなたにふさわしいプログラムを作成し、助言してくれる医師や理学療法士に相談しましょう。

❷ 早起きして、楽しくお散歩

早く起きると、午前中でほとんどの家事仕事が済んでしまいますね。

「おはよう！」「いただきます！」「行ってらっしゃい！」と明るい言葉からスタートです。

オキシトシン・セロトニン・ドーパミンなどの幸せホルモンは赤ちゃんに届き、あなたのからだをより良い出産に向かわすための一助となることでしょう。

日ごろから運動の習慣のないあなたでしたら、この時期はチャンスです。

赤ちゃんのことを思い、出産や産後のからだをイメージしやすいので自分のからだに目を向ける貴重な時期だからなのです。

朝ごはんをよく噛んで唾液をしっかり出した後、おひさまの光を浴びながらのお散歩はセロトニンの恩恵を受けますね。

赤ちゃんを待ち遠しく思いながらの夫婦生活はオキシトシンの恩恵を受けますね。

そんなあなたに伴走しながらケアを続ける助産師から、あなたは称賛されドーパミンの恩恵を受けることでしょう。

❸ ママが子宮の中にいたころの食べ物ってどんなもの？

あなたが胎児だったころ、あなたのお母様の生活はどのようなものだったのでしょう。

あなたのためにと考えながらあなたのからだをつくり、その頃、常食としたものを尋ねてみるといいですね。あなたのからだの細胞は記憶しています。それをおなかの赤ちゃんに伝えてあげるのです。

「おふくろの味」の伝承と、近年の注意事項：太りすぎないように食物繊維やビタミン・ミネラルの摂り方にも注意を払ってクッキング！

お母様と楽しんだ「おままごと」を思い出しながらもいいものですよ。

（村口裕美）

胎児期から赤ちゃんとできる遊びはありますか❓

おなかにふれて声をかけて想像して一緒に遊んでみましょう

❶ 赤ちゃんとタッチ遊び

胎児は受け身な存在ではなく、羊水の中で動いて自分の手足を確認したり、自分の手で顔や頭をふれたり、指しゃぶりをしたりと結構アクティブ！

触覚は胎児期に最も早く現れる感覚であり、おなかの上から大好きなママやパパにふられることで、心地いい刺激が赤ちゃんの脳や皮膚に伝わります。

さらに妊娠後期は音も聞こえているので、話しかけながら遊ぶとさらに効果的です。ママはゆったり横になって、赤ちゃんに「タッチ遊びしようね」と声かけしてから始めましょう。

おなかのサイドにふんわり手を当てて、左右交互に赤ちゃんにふれます。手にあたる感じが固く長い板状に感じるほうが背中側、水風船みたいに柔らかい感じがおなか側です

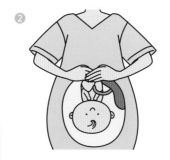

次に子宮底に指を柔らかくそろえ、その先にふれるものの感じが固い丸い球体ならあたま。やわらかくてでこぼこならおしり

手足は頭やおしり、背中の位置、胎動の様子からも想像してみましょう

※妊婦健診のエコーの時に、「背中と頭はどこですか？」と確認してもいいですね。パパとふれてみましょう

POINT

1 あたま・おしり・背中・ポコッとした手足のでっぱりをさがす
2 胎動はどんな感じかな？
3 身近なもので赤ちゃんをイメージ！

② 赤ちゃんとキック遊び

　胎動を感じたらキック遊びを始めましょう。「キック遊びしようね」と声かけします。

　赤ちゃんがポコッと蹴ったところに優しく手を置き「キック」と声かけして軽くポンとふれます。ふれたところをけりかえしてくるなど、タイミングが一緒の時は「すごいねー」とほめてあげてください。慣れてきたら「ここもけってごらん」と違う部分もふれて遊んでも楽しいですね。

　タイミングなのでうまくいかなくても当たり前。ゆったりした気持ちで楽しみましょう。

③ みんなでイメージ遊び

　赤ちゃんは日々ママのおなかの中で大きくなっています。健診のエコーで推定体重を教えてもらったら、忘れないよう母子手帳に書き込んでもらってください。

　身近な食品で赤ちゃんの体重と同じくらいの重さのものを用意して、パパや上のお子さんとその重さを手で体感したり、目で見たりしてイメージをふくらませましょう。赤ちゃんの存在や成長を実感できて会える日が楽しみになります。

　イメージ遊びの後は家族で美味しくいただいて、赤ちゃんにも栄養で届けてあげましょう。

	2か月末 ブドウ 1 粒 (4g)		3か月末 いちご 1 個 (20g)
	4か月末 レモン 1 個 (100g)		5か月末 リンゴ 1 個 (250g)
	6か月末 グレープフルーツ 1 個 (500g)		7か月末 かぼちゃ 1 個 (1000g)
	8か月末 メロン 1 個 (1500g)		9か月 白菜 (2000g)
	10か月 スイカ 1 個 (3000g)		

（大村祥恵）

新生児期の過ごし方で 大切なことって何ですか？

みんなで抱っこして家族全体で 幸せホルモンに満たされること

① 産後は全治1か月の負傷

産後の体は出産という大仕事を終えて、かなりのダメージを受けています。全身がつらい状態で、ここで無理をすると尿もれなど日常生活にも支障をきたす症状が出る場合もあります。また、産後は子宮の中に胎盤のはがれた傷もできます。胎盤の直径は約20〜25cm。大きさで例えると、ピザのMサイズくらいです。

子宮が収縮することで傷は小さくなっていきますが、無理をすると子宮の回復が遅れてしまいます。回復に必要なのは、横になって休むこと。ママ自身も自分は元気と思いがちでつい動きすぎてしまうので、意識して休むこと、人の手を借りることが必要。

産後の負担を減らすのには、妊娠中にママがふだん担当している家庭での役割を紙に書き出して、他の人と分担しておきましょう。

産後は赤ちゃんに3時間おきの授乳も始まります。おっぱいは出産後すぐに出るものではなく、少しずつ分泌は増えていき、飲む量も個人差も大きいもの。また、授乳は赤ちゃんとママの共同作業なので、何度も練習が必要です。

全身筋肉痛

● 子宮に胎盤がはがれた傷がある（胎盤の大きさはピザのMサイズくらい）

● 子宮が元の大きさに戻るために縮んで後陣痛という痛みがある

● 悪露という性器からの出血が1か月前後続くため貧血になる

子宮

ホルモンの変化で気持ちの浮き沈みがはげしい

おっぱいの痛み

手首や肩がつらい

骨盤がグラグラ 帝王切開や会陰の傷

人によって痔や尿漏れ

むくみ

❷ ふれあいで分泌される幸せホルモン「オキシトシン」

お産や授乳時に大量に分泌されるオキシトシンは、母乳放出や子宮の収縮を促すだけでなく、相手への愛情や信頼を高めたり、育児のやる気がアップするなど心にも作用します。

オキシトシンの分泌を高めるのは、スキンシップ・見つめあいなどの身体的な接触。オキシトシンは男女ともに分泌され、その分泌が多いほど育児に積極的に関わろうとします。

また、夫婦のオキシトシンの濃度の変化は似ていて、オキシトシンの濃度が高く維持されているママでは、パートナーも高く、さらに赤ちゃん自身も高くなるという研究結果もあります。

ママの心身が周囲のサポートでゆったりと満たされることは、家族全体が幸せホルモンに包まれるといっても過言でないですね。

❸ 抱っこで密着！ ヒトの子育てはふれあいが基本

抱っこは授乳・移動・ふれあいなど、心とからだを育てるために赤ちゃんの生活に必要なもの。首がすわっていない赤ちゃんは、頭や首を守るために横抱っこがおススメです。

抱っこがうまくいかないときは、下のイラストを助産師や保健師に見せて、3つのポイントを一緒に確認し、抱っこを教えてもらいましょう。

〈横抱っこの赤ちゃんの姿勢のポイント〉
❶背中はゆるやかに丸くなる
❷手は曲げて内に入り、膝はおしりより高く、足はあぐらの形
❸赤ちゃんの胴体がねじれていない。上から見て、鼻とおへそを結んだラインがまっすぐ一直線上にある

○ イメージはふんわり包み込む

× 手足は伸ばさない。反らさない

（大村祥恵）

射乳応答って何？

おっぱいを飲むときの母と子のエネルギーの交換ごっこということです

❶「おっぱいを飲むリズム」を知ろう

あなたと赤ちゃんの共同作業である母乳育児は、ほぼ100日を目安にされるといいでしょう。反射運動が盛んな新生児期の吸啜は頻回短時間時授乳が理想です。これは妊娠中からの体力とバランスの取れた食事を継続することがポイントになります。

100日までの、赤ちゃんはおっぱいを飲むリズムを知り、食べる力の基礎をつくります。そして、あなたも赤ちゃんの身体発達にあわせるかのように自分のからだづくりが最も目指しやすい時期になるのです（骨盤底筋体操〈プログラムP174参照〉、好みの運動等）。

母乳が出ることを射乳と言います。自分の意思で調節できません。中から勝手に外へ向かって、湧いて出てきます。射乳は乳首の辺りをリズミカルに軽く、重たく、繰り返し、しめつけ、緩め、また締め付ける刺激を与えると突然起こります。

赤ちゃんは、舌で乳頭をなめ、唇で乳輪の辺りを締め付けます。

アムアムアム、そして待っていると突然湧き出してきます。これをゴクンゴクンゴクンと飲みます。

❷ 食べる力の基礎づくり

母乳は栄養のバランスが良いだけでなく、消化されやすい形になっており、さらに消化を助ける酵素も入っています。さらに各種細胞、抗体、ホルモン、成長因子まで含まれて

います。

赤ちゃんとともに転げまわるような動きのあるふれあいを楽しんでみましょう。

あなたがいただく食べ物でつくられる母乳

1 アムアムアム（待って）ゴクンゴクンゴクン（一休み）は、お母さんとの相互作用です
2 おっぱいを飲めることは「生きること：食べる力の基礎づくり」
3 発達の始まりの時、大人たちの仕草をスポンジのごとく吸い込みます

とあなたの手や声は、赤ちゃんの生きる力の発達応援隊！　そんなあなたの近くにいて「楽で楽しい育児生活」に伴走しているのも助産師です。

③ 生きる力は相互作用から

　生後2〜3か月までの赤ちゃんとの生活に必要なものは、妊娠中からの続きをするだけでいいのです。

1 「早寝・早起き・朝ごはん」
2 お部屋のカーテンを開けて、おひさまを感じさせましょう。
3 布おむつは快・不快がわかりやすく、何度もからだに触ってあげられるのでおすすめなんですよ。
4 お口遊びの後に授乳。授乳の後にお顔遊び。頭寒足熱が基本生活。
5 妊娠中から聞いていた音楽をかけて、思い出の日々をお話ししてあげましょう。
6 おっぱいで育てられない時もあります。お口の力をつけるための人工乳首を選んであげましょう。
7 あなたの周りの大人たちに、赤ちゃんをたくさん抱いてもらいましょう。

　赤ちゃんと、正面で見つめ合い、しっかり応えてあげましょう。赤ちゃんは、あなたとのコミュニケーションがとれるようになったでしょうか？　人間として少し先輩のあなたの笑顔や仕草をもっともっと赤ちゃんにプレゼントしましょう。人間として独立していく力をつけるための儀式100日目の「お食い初め」も近いですよ。

（村口裕美）

昔の人はどうやって 赤ちゃんを育てていたのですか❓

「わらべうた」「昔話」「なぞかけ」で育てていました

1 子育ての智慧とは

今のように育児書やパソコンなど手軽に情報を得ることができない時代、お母さんはどうやって子育てしてきたのでしょうか？ 子育てで困ったり悩んだりした時、誰に相談していたのでしょうか？

昔は「童ァ生まるずどその家さ馬鹿ァ三人出る」といわれていたように、大家族で子育てし、母が困っていたらすぐに他の人があやしてくれていました。しかし現代、核家族化がすすみ、母ひとりに「ちゃんと育てないと」という精神的負担がのしかかっています。また、スマホなどで情報過多となり、何が良い／悪いに翻弄されながら子育てしている方も多くいることでしょう。

そんな今だからこそ、昔の人の子育ての智慧・羅針盤である「わらべうた」をともに知り、我が子と遊び・育ち合う時がきたと思います。

「わらべうた」は、千年以上昔から祖父母から孫へ『人育ての唄』として口伝えで伝承されてきました。「わらべうた（唄のついた遊び）」には、「伝承のわらべうた」と「子ども同士が遊びの中で生活の要素や時代を取り入れ伝わってきたわらべうた」があります。

2 なぜ、昔の人はわらべうたで子育てをしていたのか？

祖父母が孫を育てる時に子育ての手段として大切に守られていたのが「わらべうた」「昔話」「なぞかけ」です。

「人は手と手をとりあって、肌のぬくもりにふれ、目と目を見つめ合って、うなずきあい、言葉を交わし合って、お互いに分かり合い、はじめて心が通い合うものだから、心を大事にするにはこういった方法しか

ない」とわらべうたの伝承者である阿部ヤエさんは伝えてきました。「わらべうた」では、大人のうた声を聴き、目で見て動きをリズムに合わせて模倣し、心を育てていきます。

　妊娠中から唄い、赤ちゃんからできる「伝承のわらべうた」は赤ちゃん育てとして「動作で気持ちを起こす」と言い伝えられてきました。医者が近くにいない昔は、家族が「あーこの子はしっかりここまで真似できる・手が上がる」など、今でいう発達を我が子の近くで安心して見守る手段でもありました。

③ 育つものとは…

　「人を知れば、人ほどやさしくてありがたいものはない。何がこわい、かれがこわいっていったって、人ほどこわいものはない」と先人は言いました。子どもたちにとっての子どもの時期とは「人を知っていく時期」になります。そして、人を知るための土台として大切に伝承されてきたものが「わらべうた」「昔話」「なぞかけ」です。

　「昔話」は、暮らしの中では人はやさしいと子どもに教えていき、「人とはこういうものだよ、色んな人がいるから化かされずにつらくても機転を利かせながら、自分の花を咲かせて生きていきなさい」などの教えを昔話の中で伝えていきました。同じ話をくり返し聴かせることで、気づき、聴く・話す・考える力が育っていくのです。

　そして、「なぞかけ」とは、今でいうなぞなぞ。子どもたちの考える力・大人と子どもの対話力を育てます。0〜3歳まで1対1の遊びをした後は、毎日、友だち・近所のお兄ちゃんたちと外や中で縄跳びやまりつき・お手玉や鬼ごっこ・かくれんぼ・鬼きめなどでたくさん遊びながら、人と関わり、遊んで育ち大人になっていきました。

　「わらべうた」には、先人からの子育てのタカラモノがたくさん詰まっていますね♪

（中山千春）

「今こそわらべうたが子育てに必要」だと思うのはどうしてですか❓

身体と心の発達に大切な要素がすべて入っているからです

❶ 基本的信頼感とは？

　子育てで何よりも大切なのは、子どもの「基本的信頼感」を育てることです。これは、０〜１歳半の間に構築され、その後の発達にも広く影響を与えます。

　では、基本的信頼感とは何でしょうか？それは「人を信じる力と自分を信じる力」です。この基本的信頼感を育てるには、乳児期は赤ちゃんが望んだこと（お腹すいた／眠たい／気持ち悪い／抱っこしてなど）を十分満たしてもらい、大人からお世話をしてもらうことを通じて、赤ちゃんは不安なことを取り除いてくれる大人を信頼し、大人に信じてもらい、触れられることで自分を知り自分を信頼していくということです。

　そして、根底にある最も大切なことは、親と子どもの気持ちが行き来するという「あいだの空間」です。その行き来の手段として文化的なものも織り込み紡いできたのが伝承の「わらべうた」です。

❷ 人と人が関わることで生まれることとは

　生まれたばかりの赤ちゃんにとって、自分を守ってくれていた居心地のいい母の羊水の中から出産によって外に出され、母と切り離された世界は、実は刺激が多く不安だらけ。そんな自分を守ろうと目を閉じてよく寝て、刺激を遮断し、少しずつ外の世界に慣れていっているともいわれています。

　そんな不安を抱えた赤ちゃんの気持ちを落ち着かせるために、「おくるみ」という布に赤ちゃんを巻いて抱っこし、安心させていました。昔から伝わっていることには意味のあることが多いなぁと考えさせられます。

その赤ちゃんが目を開けた時に出会うのが、大人のまなざしであり、お世話をする人の手です。この愛あるまなざしと優しい声と手で子どもの中の愛着は形成されていき、身体と心にふれることで自分を意識し、触覚をはじめさまざまな感覚が育っていきます。

そして、その行き交う相互作用は、人と人との関わりの中だけで育まれ、子どもの意志が育ち、大人になった後もずっと人を支える柱となります。この愛あるまなざしと優しい声と手を届けながら子どもと親が1対1で遊ぶのがわらべうたです。

1対1のわらべうたでは必ず子どもと視線を合わせ、親の目の横で手を動かすこと（♪てんこてんこてんこ）から始まります。それを赤ちゃんは見て、真似ようと自分の強い意志で動かし、親が喜ぶ顔を見て自分も喜び、また真似ようとする、まさにヴィゴツキーの関係発達論をベースに子どもの身体と心の発達を支えていきます。

3 真似る（＝模倣）という動作で心の気持ちを起こす

赤ちゃん育てのわらべうたでは、1歳までに「動作で気持ちを起こす」といわれています。それは、どういうことなのでしょうか？例えば、胸の前で両手を合わせる時、みなさんはどんな気持ちが生まれますか？

祈る気持ち・いただきますの気持ち・ごめんなさいの気持ち…このようにまず始めに動作があり、気持ちが起こってきます。「真似は学びの始まり」といわれるように、わらべうたで遊びながら模倣することで、人のよいところを見て真似て／人の話を聴きとる力を身につけ／自分を出し／人をほめ／恥を知り／自然を知り／自分に勝ちたいとの気持ちを育てることができます。

真似するたびに大人にほめられ、喜び、また自分でやろうとする意志がどんどん育っていきますね♪

（中山千春）

やってみよう！ 子育ての智慧である『わらべうた』を

奥底にある子どもの育ちへの祈りを一緒に感じてみませんか？

1 妊娠がわかったら… 子守唄を知り、唄ってみましょう

　子守唄には、「守子の唄」と、「寝かせ唄」が日本中にあります。ゆったりした唄のリズムは大人の呼吸器・循環器系のリズムと同じで親子ともに身体と心を安定させてくれます。有名な唄は「♪ねんねんころりよ〜おころりよ〜」で始まる江戸の子守唄。おすすめは徳之島の「♪ねんねがせ〜」。海の景色が見え、大人も優しい気持ちに。以下におすすめの二つを。

　　♪よいだらさのやぇ　（いいじゃないか）
　　やんさ　やめでもよぉ
　　（どんなに忙しくしても　何をさしおいても）
　　泣く子ば　だましゃやぇ（泣く子はあやしてやれよ）
　　万の宝よりもなぁ　（万の宝よりも）
　　子は宝だよなぁ　（子は宝だよな）
　　　　　　　　　　　　　　岩手県遠野市の子守唄

　　♪この子よい子じゃ　　ぼたもち顔じゃ
　　きな粉つけたら　　　　なおよかろ
　　　　　　　　　　　　宮崎県延岡市の子守唄

2 赤ちゃんが生まれたら… 赤ちゃん育てのわらべうた

　0〜1歳までは1対1で目をしっかりと合わせ、「うんこー」「うんくー・んごんごー」と赤ちゃんのクーイングに合わせて会話するところから始め、「♪てんこてんこてんこ」「♪にぎにぎにぎ」「♪かんぶかんぶかんぶ」「♪手打ち手打ち手打ち」「♪ちょっつちょっつちょっつ（おむつかえ）」「♪頭なりなり」「♪バンザーイ」と発達段階に応じて赤ちゃん育てのわらべうたをしましょう。その後は、動作を2つ・3つと増やしていきます。

　詳しくは、『「わらべうた」で子育て　入門編・応用編』阿部ヤエ（福音館書店）をぜひ。

58

3 育ちへの祈りが込められた 伝承のわらべうた

　わらべうたは、ただ唄って遊び模倣させるのが目的ではなく、自分の人生自分の花を咲かせるように育ってほしいとの祈りが込められているものです。以下の（　）にはそんな先人の想いをのせてみました。想いをのせて遊んでみてください♪

　♪ちょっちちょっち
　　　　　（恥ずかしい事はしなさんな）
　あわわ　（口を慎みなさい）
　かいぐりかいぐり
　（耳をかっぽじって人の話をよく聞きなさい）
　とっとの目
　　（目を見開いてよく世の中をみなさい）

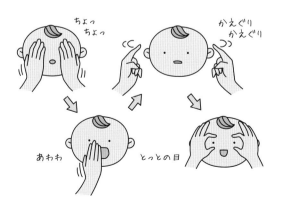

　♪いもむしごろごろ　ひょうたん　ぽっくりこ
　（人生は七転び八起、つらいことがあっても必ず起き上がる力をつけてね）
　〜コロコロ寝返りして、ぽっくりこで立つあそび〜

　かく言う私も初めての子育ては苦労の連続で泣くことも多々、そんな母である私を救ってくれたのがわらべうたでした。わらべうたは、身体やこころのふれあいはもちろんのこと、子育てこれで大丈夫！という安心感や、怒る気持ちも忘れるくらい、大人自身が唄うことで癒されます（怒りたくなったら、♪ぼうずぼうず〜可愛いときゃ可愛いけど　憎いときゃペション！というわらべうたをやってみてくださいね。どこかに怒りも飛んでいきますよ）。わらべうたは、調べたらたくさんあります。下位感覚である触覚、生命感覚、運動感覚、平衡感覚も大いに育ちますよ。ぜひ、親子のお気に入りを見つけてください。子どもは自然に放っておいたら育つのではなく、人がかかわることで育っていきます。だからといって、子ども中心に暮らしを変えすぎるのではなく、おんぶして、暮らしの風景を同じ目線で見せながら教え、わらべうたでたくさん遊び、ほめて、はやして、眠たくなったら子守唄を唄う、先人の智慧であるわらべうたで子育てを一緒にやっていきませんか♪

（中山千春）

真似ができるってすごいこと❓

模倣(真似)は親子のコミュニケーションをはじめ、人の「社会性」と深い結びつきがあります

❶ ミラーニューロン

ミラーニューロンとは、1992年にイタリアのリゾラッティらによって発見された、「他者の動作の観察中に、その動作をあたかも自らの動作のようにふるまうニューロン(神経細胞)」といわれています。

このニューロンはなんと、実験者がサルと同じ部屋で昼食をとっている時に偶然発見されました。つまり、サルの脳に仕掛けられた電極の先のニューロンは、サル自身が食べ物をつかむ行為をした時と、実験者が同じ行為をした時のどちらにも活動したのです！ そ

して、発見当初から、直接模倣に関係しているのではないか、と考えられてきました。

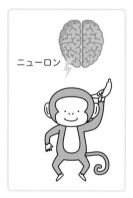
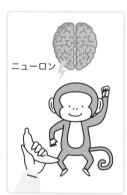

ニューロン　ニューロン

❷ 赤ちゃんが模倣（真似）できる仕組み

ミラーニューロンの発見から、多くの研究者が、私たち人間の模倣（真似）の仕組みに興味をもつようになりました。そして、今日までにさまざまな仮説が提唱されたり、脳内活動をMRIなど脳機能イメージングという

手法によって調べられたりしました。

例えばある研究者は、赤ちゃんは他者を"Like Me"─「自分と同じ」と解釈することで、他者の行動を理解したり、より豊かな社会的な認知の扉を開いていくと考えています。

POINT

1　他者の動作をあたかも自分の動作のようにふるまう“ミラーニューロン”
2　赤ちゃんは、どうして真似ができるの？
3　さまざまな模倣（真似）のスタイルがあること

　またある研究者は、赤ちゃんと親が**相互に真似したり、真似されたりする経験**を通して、この感覚と運動が（手と手をつなぐように）結びつきながら、模倣能力や社会性を発達させていく、と考えています。

　どうも、模倣（真似）ができるということと、人間が「**社会的動物**」と呼ばれるのには、深い理由がありそうです。

③ 模倣（真似）に関わる諸説

　模倣（真似）の仕組みや脳内メカニズムを考える際には、2つの視点から考えるのが大切です。

　一つは模倣に「意図」があるかどうか、という点です。意図があるとはつまり、自分の意志で真似をするのか、ということです。例えば子どもが先生から「（この）ポーズの真似をして」と言われて、主体的に真似を行うのがこれに当たります。一方で、無意識的な模倣もあります。例えば相手のしぐさなど一部の動作を無意識的に真似すると、相手から好感をもたれ社会的友好関係につながるという“**カメレオン効果**”というのもあります。

　もう一つの視点は、「何を真似するのか」ということです。**真似する対象が「動作」なのか、「内容」なのか、「目的」なのか**、という点です。このように、一言に模倣（真似）といっても、いくつもの仕組みが私たち人間には自然に備わっているようです。

（塙 杉子）

2 共鳴、共感とは ❓

人と人（一部の動物も含む）との豊かな心のやりとり

❶ 共鳴、共感とは

赤ちゃんが一人で音楽を楽しんでいる時、お母さんの心もルンルンしたり、反対に、赤ちゃんが急な発熱でつらそうにしている時、お母さん自身も苦しくなってしまうこと…よくあるのではないでしょうか。"共感"とは、相手の感情表出を見た時に、同じ感情が自分自身にも起きる現象のことです。

自閉症の研究で有名なウタ・フリスは、"共感"を考えるとき、少なくとも**本能的な共感**と、**意図的な共感とを区別すべきである**と指摘しています。**本能的な共感とは、自律神経の反応を伴う、自然にあふれ出る単純な感情反応、共鳴であり、それは他者の心を読む必要はありません。**脳の研究によって、恐怖や悲しみの感情表現などは、それを見た人の脳に、たとえ意識しなくても影響することがわかりました。

一方で、**意図的な共感とは、他者が何を考えているか気持ちを憶測すること（心の理論）や、相手の立場から考えること（視点取得）**が関係しています。

※下位のチンパンジー A は、上位のチンパンジー T に餌を横取りされないように、餌から目をそらして通り過ぎるのを待つ、つまり餌があるのにないふりをする「あざむき」行動の一例
（A は T がそこに餌があることを「知らない」ことを知っている。しかし同時に T も同様のあざむき行動をしているかもしれない）

図）考えるサル―あざむき行為の観察例―

〔文献 2〕P100 より〕

2 共感のメカニズム

　共感がどのようなメカニズムで起こるかについて、またその分類については、研究者間で議論が分かれています。しかし、多くの研究から、先に述べた「本能的な共感」には、島、帯状回と呼ばれる脳の場所が、「意図的な共感」においては、内側前頭前皮質、側頭頭頂領域、側頭極と呼ばれる脳の場所が関係している、と考えられています。

3 泣きの伝播とあくびの伝播

　一人の赤ちゃんが泣いていると、つられて隣の赤ちゃんも泣き出したり、遠くの赤ちゃんも泣き声が聞こえただけで泣いてしまう、という場に遭遇したことのあるお母さん・お父さんもいらっしゃるのではないでしょうか。

　同様に、「あくびがうつる」というのもよくある話です（今この瞬間にあくびをしている人もいるかもしれません）。これは、無意識的な、なかば自動的な模倣（真似）と考えることができます。なんと、あくびの伝染は、人に限らず、チンパンジーなどの霊長類、時には犬にもみられるそうです。

　これらの伝播のメカニズムは、まだ完全に明らかにされていませんが、「**社会的なつながり**」が鍵になるかもしれません。

（塙 杉子）

〈引用・参考文献〉

48	1）北村俊則著『周産期ボンディングとボンディング障害──子どもを愛せない親たち』ミネルヴァ書房, 2019
	2）医療情報科学研究所『病気が見える Vol.10　産科』MEDIC MEDIA
	3）堀内成子著『パーフェクト臨床実習ガイド　母性看護 第 2 版』照林社, 2017

| 50 | 1）明和政子著『人の発達の謎を解く──胎児期から人類の未来まで』ちくま書房, 2019 |
| | 2）渡部信子著『カリスマ助産師トコちゃん先生の赤ちゃんがすぐに泣きやみグッスリ寝てくれる本』すばる舎, 2013 |

52	1）山西みな子・松原まなみ著『母乳育児の看護学──考え方とケアの実際』メディカ出版, 2003
	2）山西みな子著『おっぱいいっぱい』シオン, 2004
	3）ベルナデット・ド・ガスケ著, シャラン山内由紀訳『産後の身体を守る　ペリネのエクササイズ＆サポート』メディカ出版, 2021

54	1）阿部ヤエ著『「わらべうた」で子育て　入門編』福音館書店, 2002
	2）阿部ヤエ著『「わらべうた」で子育て　応用編』福音館書店, 2003
	3）バーバラ・ロゴフ著, 當眞千賀子／訳『文化的営みとしての発達──個人、世代、コミュニティ』新曜社, 2006

56	1）佐々木正美著『子どもへのまなざし』福音館書店, 1998
	2）カール・ケーニッヒ著, そのだとしこ訳『子どもが 3 つになるまでに──シュタイナー教育入門』パロル舎, 1998
	3）アルバート・スズマン著『人智学講座　魂の扉・十二感覚』耕文舎＋イザラ書房, 1998

60	1）Rizzolatti, G., Fogassi, L., Gallese, V. : Neurophysiological mechanisms underlying the understanding and imitation of action. Nat Rev Neurosci. 2: 661-70. 2001. 11. Rizzolatti, G. & Craighero, L. : The mirror-neuron system. Annu Rev Neurosci. 27:169-92. 2004.
	2）Meltzoff, A.N., & Moore, M.K. (1977). Imitation of facial and manual gestures by human neonates. Science (New York, N.Y.), 198(4312), 74-8.
	3）Catmur, C., Walsh, V., & Heyes, C. (2009). Associative sequence learning: the role of experience in the development of imitation and the mirror system. Philosophical Transactions of the Royal Society B: Biological Sciences, 364(1528), 2369-2380.
	4）Chartrand, T. L., & Bargh, J. A. (1999). The chameleon effect: the perception–behavior link and social interaction. Journal of personality and social psychology, 76(6), 893.

62	1）ウタ・フリス著, 冨田真紀・清水康夫・鈴木玲子訳『自閉症の謎を解き明かす』東京書籍, 2009
	2）森岡周著『リハビリテーションのための認知神経科学入門』協同医書出版社, 2006
	3）千住淳著『社会脳の発達』東京大学出版社, 2012
	4）Ferrari, P. F., & Rizzolatti, G. (2014). Mirror neuron research: the past and the future.

Part 3

子どもの自然な育ちを応援

赤ちゃんは真っ白なキャンパスなの？

赤ちゃんは生まれながらに 「色とりどりのカラフルなキャンパス」です

こんにちは赤ちゃん。わたしがママ／パパよ。純粋無垢な、そのかわいい寝顔。

　生まれたばかりの赤ちゃんは、まだ何も経験していない・これから経験していく存在として、「真っ白なキャンパス」に例えられることもあります。でも、それって本当でしょうか？　近年の研究から見えてくる赤ちゃん像は、むしろ、「色とりどりのカラフルなキャンパス」です。

❶ 複雑で豊かなバリエーション

　生まれて間もない赤ちゃんは、起きているときに、手足をふくむ全身を複雑に動かしていることがあります。この動きは「ジェネラルムーブメント」と呼ばれ、ママのおなかの中にいるときから続くものです。その特徴は、複雑で豊かなバリエーションです。

　動かす関節の組み合わせ、動きの大きさ・スピード、動かすタイミングなど、まるで自分の身体がもつ、あらゆる可能性を確かめるかのように、赤ちゃんはたくさん動いています。

② 自分自身と環境の探索

バリエーション豊かにたくさん動くことで、赤ちゃんはたくさんの感覚を感じています。手足を持ちあげればその重さを、頭や身体を回せば視界の流れを、モノにふれればその感触を感じることができます。

この感覚が「わあ！ おもしろい！」と赤ちゃんの好奇心を刺激して、さらに次の動きへとつながっていくのです。意図的かどうかにかかわらず、赤ちゃんは動きを通じて、自分の身体と周りにある環境について学んでいます。

③ 自ら動き、自ら学ぶ

生まれたばかりの赤ちゃんには、「原始反射」と呼ばれる反射の動きもあります。ですが、「ジェネラルムーブメント」のように、赤ちゃん自身の自発的な動きも、たくさん見ることができます。また、生まれたての赤ちゃんに、大人が人差し指を立てて見せると、その真似をするという研究があります。生後3日の赤ちゃんが、手にもったモノの触感に応じて握り方を変えているという報告もあります。

いずれの結果も、赤ちゃん自身が何かを感じ、それに対応して自身の動きを変えていると解釈できるものです。

赤ちゃんは、生まれたときからバリエーション豊かによく動き、そして感じています。そのキャンパスには、カラフルな絵がすでに描かれているのです。そして、その絵を描いているのは赤ちゃん自身です。赤ちゃんには、自ら学ぶ力がすでに備わっているということです。

（三浦正樹）

2 普通の発達ってなんですか❓

普通の発達、普通の赤ちゃんは
どこを探しても見つかりません

　ふとした瞬間に、他の赤ちゃんと比べて成長が早いな／遅いなと一喜一憂してしまうのが親の心情です。うちの子の成長って普通と比べてどうなのかな？　気になっちゃいますよね。この場合の普通とは、平均的と言い換えることができるかもしれません。でも、平均的な発達とはいったい何でしょうか？

1 成長のスピードには個人差がある

　育児書や育児に関するホームページなどを見ると、「〇か月になると△ができるようになる」という言葉をよく目にします。しかし、あくまでもそれは目安で、実際の獲得時期には個人差が大きくあるのです。

　例えば、世界保健機関（WHO）では、赤ちゃんが「サポートなしで座る」のはおよそ4か月から9か月とされています。なんと5か月もの幅があるのです。そう考えると、「〇か月で△ができる」とは一概に言い切れなくなりますよね。

2 一人ひとりがユニークな存在

　私たちがそうであるように、赤ちゃんにも一人ひとりに個性があります。性格だけでなく身体の大きさや使い方、興味を示すものなどそれぞれです。

　例えば、目の前に好きなおもちゃがあるとき、普段から手足をよく動かしている活発な赤ちゃんと、大人しい赤ちゃんとではおもちゃに向かう手の動きはまったく違ってきます。

　歩きはじめにも個性に応じていくつかのパターンがあります。慎重にバランスを崩さないようそっと一歩を踏み出す赤ちゃん、身体をひねってコンパスのように一歩を踏み出す赤ちゃん、いろんな赤ちゃんがいます。

3 育児習慣という環境から受ける影響

　赤ちゃんの育ちは育児習慣や家屋構造、文化的背景といった環境の影響も大きく受けています。例えば育児習慣について、赤ちゃんに布オムツを履かせると、裸や紙オムツのときに比べて歩き方がぎこちなくなるという研究があります。また、1990年代のアメリカの話になりますが、乳幼児突然死症候群の予防として赤ちゃんを仰向けで寝かせていたところ、ハイハイの獲得時期が遅くなってしまいました。現在ではこれを受けて、赤ちゃんが起きているときは積極的にうつ伏せの時間をとることが推奨されています。

　個性豊かな赤ちゃんと、各家庭で異なる育児習慣を含む環境、その双方が複雑に絡み合って赤ちゃんの育ちは個性豊かに進みます。平均的な発達はあくまでも参考程度で構わないのかもしれません。そもそも、平均的な人間なんてどこにもいないのですから。

（三浦正樹）

赤ちゃんはどこに向かって歩いていくの❓

**赤ちゃんの歩みは当てのない旅路です。
歩くことそれ自体を楽しんでいます。**

　動きはじめた赤ちゃんとお散歩にでかければ、一緒にいるママ／パパはもう大変。一瞬たりとも目が離せず、くたくたになっちゃいますよね。どうして赤ちゃんは、あんなに動き回るのでしょうか？　いったいどこに行きたいのでしょうか？

　ひょっとすると、赤ちゃんはたいした目的地もなく、ただただ歩くという旅路を楽しんでいるのかもしれません。

❶ 歩こう 歩こう わたしは元気

　ある研究によると、1歳児の赤ちゃんは1時間でなんと2,300歩、距離にして700mもの距離を歩きます。しかも、ただ真っすぐ規則正しく前に歩くだけではありません。

　前後左右へとあらゆる方向へ曲がりくねりながら、そこらにある手頃なものを手当たり次第に持ち運んだりもします。そりゃあママ／パパは一瞬でも目が離せません。

❷ 旅に理由はいらない

　赤ちゃんはどこに向かって歩いているのでしょうか？　実は、おもちゃがある場所でもない場所でも、赤ちゃんが歩きまわる量にはそれほど差がないことがわかっています。何もない空間でも、赤ちゃんは楽しそうにふらふらと歩きまわり、ジャンプしたり、ときには何かにぶらさがったりします。よく見ると、ママ／パパやおもちゃ、遊具などといった最

終的な目的地がはっきりしないまま終わる歩きが非常に多いのです。

ひょっとすると、赤ちゃんは歩くことそれ自体から得られる体験を楽しんでいるのかもしれません。赤ちゃんにとって歩くとは、目的地への移動ではなく、それ自体を楽しむ旅路なのです。

3 ダンス　ダンス　ダンス

旅路といわれても、一緒に歩きまわされる大人はたまったものじゃありません。でも実は、お散歩中のママ／パパは、ただの安全管理責任者ではありません。とくに意識していなくとも、赤ちゃんとママ／パパはお互いを目で確認したり、声をかけあったり、触れ合ったりするなかで動きが同調しているのです。

楽し気なものを見つければ「さわってごらん」と笑顔を見せたり、危ない段差が近づけば「気をつけて」と声をかけたり。見方によっては一緒にダンスを踊っているようなものです。研究では、このダンスを通じて赤ちゃんが世界についてたくさんのことを学んでいく可能性が示唆されています。

あてもなく動きまわる赤ちゃんとのお散歩は本当に大変ですよね。でも、お散歩を赤ちゃんとのダンスと思えば、道端に咲く花や何気ない地面の凹凸、水たまりなんかもいつもとは違って見えてくるかもしれません。

（三浦正樹）

4 赤ちゃんはどうやって スプーンの使い方を学んでいくの❓

遊びと観察を通じてスプーンは 少しずつ「スプーン」になっていきます

赤ちゃんがはじめて使う道具の１つにスプーンがあります。でも、最初からスプーンをうまく使える赤ちゃんなんていません。それどころか、使いはじめの赤ちゃんは何でもありのフリースタイルで、食後のテーブルはまるで台風が過ぎ去ったあとです。

どのようにして赤ちゃんはスプーンなどの道具の使い方を覚えていくのでしょうか？

❶ これはなんだろう？

大人であればスプーンは食事のときに使う「スプーン」ですが、スプーンをはじめて見る赤ちゃんはそんなこと知りません。これはスプーンに限った話ではありません。

ペットボトルやファスナーのついたママのポーチなど、身のまわりにあるものすべてが赤ちゃんにとっては不思議な物体です。振る、たたく、投げる、口にいれるといった、あら

ゆる可能性をもった魅力的な物体です。

❷ いろいろ試してみよう

スプーンを使いはじめの赤ちゃんは、手に持ったスプーンを振り回したり、机をたたいたり、あるいは遠くに投げ飛ばしたりと、自

由気ままにスプーンの可能性を探索します。そういった過程で、ときどき上手にスプーンを使うことができて、大好きな御馳走がこぼ

れず口に入ってきます。このときの「できた！」「おいしい！」という結果が、次の試行錯誤につながっていきます。

このようにして、赤ちゃんは少しずつスプーンの目的と適切な使い方を学び、スプーンが「スプーン」になっていくのです。本来の目的と使い方はおかまいなしに、自由にその可能性を探索するところから始めるのが赤ちゃんなのです。

③ ママ／パパはどうしているのかな？

道具の使い方を学ぶもう1つの方法は観察です。そう、周りにいるママ／パパやお友達が、その道具を使っている場面を赤ちゃんは観察しているのです。

スプーンであれば、ママ／パパの表情や視線からその意図（ご飯を食べよう）を読みとり、手元からは道具の使い方（スプーンの使い方）を学んでいるのです。

1歳前後の赤ちゃんは、大人の表情と手元を見比べながら、その意図と道具の使い方を学んでいるという研究があります。観察を通じて、赤ちゃんは道具がもつ本来の目的と使い方（ご飯を食べるためにスプーンがある）を学んでいくのです。

スプーンが「スプーン」である、という理屈は大人の勝手です。赤ちゃんは道具がもつあらゆる可能性をまず探索しつつ、周囲の大人や子どもがそれを使う様子を観察して、その使い方を学んでいくのです。

（三浦正樹）

ある作業療法士の育児

私の場合、こんな感じ

● 何が本当に「子どものため」なのかを考えてみました
● 自分のことは自分で決められる子になりますように
● 得意なこと／できることよりも、楽しいこと／好きなことが増えますように

私は子どもの発達にかかわる作業療法士ですが、同時に、中学生になる双子男女の父親でもあります。ここでは、作業療法士としてではなく、一人の親として、主に幼児期以降の育児について私の場合を書かせていただきます。

これが正解だと言うつもりはまったくありません。就学前の5歳前後のころを思い出して書いています。

1 それは誰のため？

子どもにかかわる仕事をしていると、「子どものために」という言葉をよく聞きますし、私も使うことがあります。でも、これは考えてみるとすごく難しいことだとも思います。

私の場合、部屋を片づけなさいと言うのは、「私が」散らかった部屋を見たくない、掃除したくないからです。「子どものため」と言いつつ、「私（親）のため」になっている場面は意外と多いのではないでしょうか。

親として、何が「子どものため」なのかを考えたとき、①自分のことは自分で決める、②毎日を楽しむ、この2つを私は挙げます。

2 あなたはどうしたいの？

　他人から言われるがままに従うことほど退屈なことはありません。子どもたちには、自分のことは自分で決められる大人になってほしいと思っています。

　幼いうちは「どうしたい？」と聞かれてもうまく考えられないことが多いので、「○○して遊ぶ？　△△して遊ぶ」など、まずは身近な話題で選択肢を提示しながら、自分で選択する機会をもてるようにしていました。

　もちろん、自分で選択した結果が、想像していたものと違いつまらなかったという経験もたくさんします。ですが、そういった失敗？も自分で選んだ結果であれば良い経験になると思います。

3 楽しいを増やす

　お絵かきで花丸をもらったり、かけっこで一番になったり、そんな子どもの成長を見るのは親として本当にうれしいものです。でも、花丸や一番という結果も大切ですが、そのプ

ロセスに気づき、楽しめるように声をかけていました。

　かけっこであれば、「身体を動かすのって楽しいよね！」といったように。好きなことなら、うまくできても／できなくても楽しいし、勝っても／負けても楽しい。得意なことがたくさんある大人よりも、楽しいことや好きなことがたくさんある大人に育ってほしいと思っています。

　もちろん、育児はそんなに簡単なものではありません。もっとこうすれば良かった、と後悔することもたくさんあります。でも、子どもの発達の責任すべてを親が背負う必要はありません。気を楽にもって、なるようになります。子どもたちと一緒に過ごせる時間を楽しみましょう！

※写真の使用に関して本人たち、保護者の同意を得ています。

（三浦正樹）

赤ちゃんの好みとは？

生まれもった感性と環境とのコラボレーション

① 赤ちゃんは顔が好き

　赤ちゃんは、生まれつき「**顔**」が好きだと言われています。しかも、ゾウやキリンなどの顔よりも人の顔、特に「お母さんの顔」が好きなようです。

　赤ちゃんの好みを調べるには、古くから"選好注視法"という実験が用いられてきました。多くの研究によって、赤ちゃんは新生児から顔の配置に着目していることや、4か月ごろから顔をしっかり区別できるようになることがわかってきました。また、近年の赤ちゃんの脳の反応をみた研究においても、赤ちゃんは他のお母さんの顔や声と、自分のお母さんの顔や声をしっかり区別していることが明らかになりました。

　これらの結果は、**赤ちゃんが養育者を自然に求める存在であること、お母さんの顔を見たり、声を聞いたりする経験の具体的な量が、お母さんの顔を好むことに関係していること**を示唆しています。

　興味深いのは、これに呼応するように、母親の脳研究においても、わが子の笑顔を見た時に最もドーパミンに関連する脳の報酬処理領域が活性化されることが明らかになりました。つまり、**赤ちゃんは顔が好き→お母さんがあやす→赤ちゃんが笑う→お母さんもHappy**の構図が成り立つわけです。

図）新生児実験で使われた顔模式図形
　　（Morton & Johnson、1991）

一度も顔をみたことのない赤ちゃんも、さまざまな図（顔の特徴をバラバラにして配置を崩した図や、配置を倒立した図など）の中から正しい配置の顔だけを選ぶことができます。

② 赤ちゃんは好みを遊びに発展させていく天才

私が以前に行った研究の中で、面白い発見がありました。当時、私は2〜15か月の65人の正期正常体重の赤ちゃんを対象に、感覚反応の発達段階を調べる研究を行っていました。さまざまな感覚刺激を一定の方法で与えて、その反応を表情や行動からみていく、というものです。結果では、**赤ちゃんは感覚の種類ごと、また、月齢ごとにさまざまな感覚反応の発達段階がある**ことが明らかになりました。

一方で、**一人ひとりの赤ちゃんには、その子だけの好みがある**、ということにも気がつきました。例えば、ある男の子はある匂いを特に好んだり、ある女の子はお母さんと同じキラキラするものが好きだったり…どの赤ちゃんも同じではなく、個性豊かな「好み」があるようでした。**赤ちゃんは内なる好み（遺伝も含む）を、身近な養育者とのコミュニケーション、おもちゃなどとの相互作用を通して"遊び"として発展させながら、環境に主体的にかかわっていく天才です！**

③ 「選ぶ」・「決める」大切さ

特に1歳以降、自分の好きなものを選ぶ、という能力は、子どもの主体性や自発性と深くかかわると考えられます。人が複数の情報の中から主体的に何かを選ぶ、決める、といういうのは、脳の前側の「**前頭前野**」という部分がかかわっていて、この部分は生後ゆっくりと青年期まで発達していきます。

（塙　杉子）

人見知りやイヤイヤ期って、どうして起きるの？

自分の世界を必死で守りたいから

❶ 人見知り

　赤ちゃんは生まれる前から大好きなお母さんと一緒です。しかし、生まれてから徐々に、自分とお母さん以外にも人間（他者）がいることを理解するようになります。およそ半年以降に「人見知り」が始まる子も多く、これは「分離不安」とも呼ばれています。

　人見知りとは、赤ちゃんが記憶の発達と共に、**自分のお母さん・お父さんと他者とを区別することができるようになる大切な「社会性」の一つ**とも言えます。

❷ イヤイヤ期とは

　すべての子どもに当てはまるわけではありませんが、一般的に生後1歳半〜3歳ごろに現れる、子どもの反抗的な態度やかんしゃくを起こすことが多くなる、いわゆる「第一次反抗期」のことを、通称「**イヤイヤ期**」と呼びます。西洋では「**魔の2歳児（Terrible twos）**」とも言うそうです。

　自分だけでできそうもない、難しそうなことでも、「自分！」と言って、何でも自分だけでやろうとしたり、「イヤ」と連呼し親を困らせることもしばしばです。しかし、発達心理学的には、このイヤイヤ期は、**自己主張の絶好の機会ともいえる大切な時期**だといわれています。

❸ 親や周りの大人が大切にしたいこと

　この時期の子どもとかかわる親や周りの大人は、どのような態度でいればいいのでしょうか。この時期の子どもは、自分の世界を必死に守ろうと、あるいは、「イヤ」と自己主張することで、どこまでお母さん・お父さんに自分の行動や態度が許されるのか、試しているような気さえします。

　このようなかたくなな態度にシビレをきらして、ついつい「早くしなさい！」と怒ったり、むりやり靴を履かせたりしてしまう親も少なくないでしょう。

　もちろん、時と場合によるかもしれませんが、基本的な大人の態度としては、**子どもの中の葛藤に「つきあう」あるいは「見守る」**ことが大切だといわれています。脳科学的には、この時期の子どもの脳で起きているだろう**"葛藤"は将来「自律」、つまりセルフコントロールにつながる**と考えられ、脳の部位としては**前頭前野や前帯状皮質（ACC）**が関係しています。

　１歳半〜３歳ごろの前頭前野やACCはまだまだ未熟ですし、言葉もまだ二語文ほどし

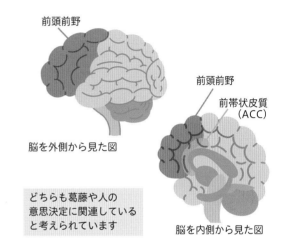

前頭前野

前頭前野

前帯状皮質
（ACC）

脳を外側から見た図

どちらも葛藤や人の
意思決定に関連している
と考えられています

脳を内側から見た図

か話せないため、うまく自分の気持ちを処理できません。そのため、例えば**親や周りの大人が「悲しかったね」と子どもの気持ちを代弁してあげたり、「自分でやりたかったんだね」と共感してあげたりすることも大切かもしれません。**そうすると、子どもは自分が認めてもらえた、自分の気持ちをわかってくれた！と子どもながらに納得して、次の瞬間"ニコニコ"と天使の笑顔を見せてくれるでしょう。そのためにも、お母さん・お父さんの心の余裕が大切かもしれません。

（塙　杉子）

赤ちゃんのお世話……なんでこんなに大変なの❓ どうしたらいい❓

前向きなあきらめ、他者に助けを求めましょう。

❶ 産前産後のお母さんと女性ホルモン

新しい命を育む妊娠中には、エストロゲンなどの女性ホルモンの量はゆるやかに増大しますが、分娩後は一気に急降下し、血中の女性ホルモンはプロラクチンを除きほぼ0に近づくそうです。この女性ホルモンの大変動の影響や、これから始まる未知の子育てに対する心配、その他心身のストレスなどで、特に産後は、お母さんの心身にさまざまな変化が起こることが知られています。

髪が抜けやすくなったり、肌がカサカサになった

り、怒りっぽくなったり、うつっぽくなったり……。 これらは「仕方ない」と割り切り、少しでも楽しいことに注意を向けたり、明るい未来を考えたりするなど「前向きなあきらめ」の気持ちが鍵になります。

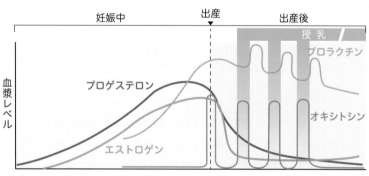

図）文献3）より

エストロゲン（卵胞ホルモン）	卵胞を成熟させる働きのホルモン。体温の上昇、栄養や水分を体に蓄えるなど、妊娠に適した体をつくります。また、脳では記憶をつかさどる神経細胞を守ったり、皮膚でコラーゲンを増やしたり、骨形成にも関与するなどさまざまな女性の健康に欠かせないホルモン。
プロゲステロン（黄体ホルモン）	受精卵の着床のために子宮内膜を整え、基礎体温を上げる働きがあり、妊娠後は胎児と母体を守るために活躍します。
プロラクチン（乳腺刺激ホルモン）	乳汁分泌の開始と維持に作用します。 産後、エストロゲン・プロゲステロンが減少することで働きが高まります。
オキシトシン（射乳ホルモン）	子宮筋の収縮作用による分娩の促進および出産後 の授乳時の射乳反射に作用します。また、ストレスを軽減する作用、痛みに対する耐性が増す、学習効率を高める働き、また、スキンシップなどによって相手への愛情や信頼感をうむ効果が知られています。

❷ 産後うつ病の研究

産後うつ病（PPD）は公衆衛生上の大きな問題であり、妊娠の10〜15％が罹患していると言われています。症状は産後に涙ぐむ、気分が沈むなどの抑うつ感や疲労感を覚え、育児と家事に支障をきたしたり、母親として妻としての無力感などです。

PPDを発症する危険因子には、過去や妊娠中の精神科既往歴、高ストレス環境、マイノリティ、若年、社会経済的地位の低さ、実の親からの繊細な子育ての経験の少なさなどがあります。PPDのほとんどの女性は、産後2週間から4か月の間に診断され、発症のピークは1か月ごろにあるとの報告が多いといわれています。しかし一方で、非産後うつ病の母親の産後早期の不安・抑うつ症状には、潜在的な適応機能が備わっており、産後3か月前後で自分の赤ちゃんの泣き声に対する脳の反応が異なってくるとの報告もあります。

つまり、PDDの予防には特に産後〜3か月の間の夫の精神的支援や、周囲からの情緒的・実質的サポートが必要であり、支援体制を整えることの重要性が示唆されます。

❸ 子どもはみんなの宝

1969年に精神医学者のボウルビィは**愛着（アタッチメント）**という概念を提唱しました。これは乳児期の子どもと母親との間にみられる行動パターンであり、母子相互作用という視点からも重要な要素であるといわれています。豊かな愛着形成のためには、子育て不安の軽減が大切です。子育てがつらすぎる、もうダメだ……と思った時には、早めに他者に助けを求めましょう。これは決して恥ずかしいことではありません。「**助けを求める**」ことはむしろ、**赤ちゃんやお母さん自身の健康にとって、とても大切**なことです。昔から子どもは「**みんなの宝**」です。宝は地域住民も含め、みんなで守っていく必要があるのです。

（塙 杉子）

子どもも、大人も心地いい時間ってどんな時間？

- 「ダメ！」をやめることで増す充足感
- 知恵を生み出す土台となるもの
- 「ありのままでいい」を取り戻す時間

1 「○○しちゃダメ！」から解放されることで得られる子どもの充足感

日々の暮らしの中で、子どもの安全を守るためではなく、迷惑をかけないために、「○○しちゃダメ！」と子どもたちに伝えること、ついつい多くなりがちです。

そんな時は、いつもより少しアンテナを広げて、「『ダメ！』から解放できる場所」へ足を伸ばしてみては。虫たちとの出逢いが待っていそうな場所や野の花が咲いてい

る場所、落ち葉や木の枝が落ちている場所など、自然のある場所には子どもたちの好奇心をくすぐる出逢いがいっぱい。

ちょうちょを追いかけたり、野花をつんで歩いたり、葉っぱをくしゃくしゃして遊んだり……。子どもは興味のあることに夢中になり、「ダメ！」で中断されずにあそびきることで、充足感もぐんと増します。

2 原っぱや森など自然のなかで磨かれる「センス・オブ・ワンダー」

「蜘蛛の巣にきらきらの宝石がついてるよ〜」。蜘蛛の巣の雨粒を指差して、きらきら

した瞳で教えてくれたり、「葉っぱがくるくるダンスしてる〜」と風に乗って舞い落ちる葉っぱを見て、自分もくるくる回り始めたり。……子どもたちには、自然のなかにある美しさや不思議に目を見はる感性＝「センス・オブ・ワンダー」が生まれつきそなわっています。

　小さい頃に美しいものを美しいと感じる感覚、新しいものや不思議なものに触れたときの感激は、子どもたちの情緒や感受性をさらに豊かにして、やがて知識や知恵を生み出す力になります。

　周りにいる大人が子どもと一緒に耳を澄まし、目を凝らし、感動を分かち合うことで、子どものセンス・オブ・ワンダーはどんどん磨かれていきます。

３ 自然のなかにある多様性、植物たちの知恵に触れ、「ありのまま」を取り戻す

　自然は、葉っぱの色や形、花の大きさや長さなど、どれひとつとして同じものがない、多様性の宝庫。

　気候条件を読み解き、咲く時を自分で決める野の花や、種子を遠くまで飛ばすために綿毛をつけたら茎の長さを２倍も伸ばすたんぽぽなど、子孫を残すためにいろいろな知恵を身につけている植物たち。

　自然のなかの「ありのまま」に触れることは、きっと知らず知らずのうちに身につけてきた「こうあるべき」から、「ありのまま」「私らしさ」という感覚につながるきっかけになります。

（吉留文佳）

〈引用・参考文献〉

66　1） Taga, G., Takaya, R., & Konishi, Y. (1999). Analysis of general movements of infants towards understanding of developmental principle for motor control. IEEE SMC'99 Conference Proceedings. IEEE International Conference on Systems, Man, and Cybernetics (Cat. No.99CH37028), 5: 678-683 vol.5, 1999.

　　2） Nagy E, Compagne H, Orvos H, Pal A, Molnar P, Janszky I, Loveland KA, Bardos G. Index finger movement imitation by human neonates: motivation, learning, and left-hand preference. Pediatr Res.,Oct;58(4): 749-53, 2005.

　　3） Molina, Michèle, and François Jouen. Manual cyclical activity as an exploratory tool in neonates. Infant Behavior and Development. 27(1), 42-53, 2004.

68　1） Adolph KE, Hoch JE: Motor Development: Embodied, Embedded, Encultured, and Enabling. Annu Rev Psychol, 70: 141-164, 2019.

　　2） Bisi, M. C., and R. Stagni: Evaluation of toddler different strategies during the first six-months of independent walking: a longitudinal study. Gait & posture 41.2: 574-579, 2015.

　　3） Davis BE, Moon RY, Sachs HC, Ottolini MC: Effects of sleep position on infant motor development. Pediatrics, 102(5), 1135-40, 1998.

70　1） Adolph KE, Cole WG, Komati M, Garciaguirre JS, Badaly D, Lingeman JM, Chan GL, Sotsky RB. How do you learn to walk? Thousands of steps and dozens of falls per day. Psychol Sci, 23(11):1387-94, 2012.

　　2） Hoch JE, Rachwani J, Adolph KE. Where Infants Go: Real-Time Dynamics of Locomotor Exploration in Crawling and Walking Infants. Child Dev, 91(3):1001-1020, 2020.

　　3） Hoch JE, Ossmy O, Cole WG, Hasan S, Adolph KE. "Dancing" Together: Infant-Mother Locomotor Synchrony. Child Dev, 92(4):1337-1353, 2021.

72　1） Tetsushi Nonaka, Thomas A. Stoffregen: Social interaction in the emergence of toddler's mealtime spoon use. Developmental Psychobiology, 62:8, 1124-1133, 2020.

　　2） Rachwani, Jaya, et al: Learning the designed actions of everyday objects. Journal of Experimental Psychology General, 149(1), 67-78, 2019.

　　3） Libertus, Klaus, et al: Infants' observation of tool-use events over the first year of life. Journal of experimental child psychology, 152, 123-135, 2016.

76　1） 山口真美・金沢創著『赤ちゃんの視覚と心の発達』東京大学出版会，2008

　　2） Morton, J., & Johnson, M. H. (1991). CONSPEC and CONLERN: a two-process theory of infant face recognition. Psychological review, 98(2), 164.

　　3） Strathearn, L., Li, J., Fonagy, P., & Montague, P. R. (2008). What's in a smile? Maternal brain responses to infant facial cues. Pediatrics, 122(1), 40-51.

78　Shackman, A. J., Salomons, T. V., Slagter, H. A., Fox, A. S., Winter, J. J., & Davidson, R. J. (2011). The integration of negative affect, pain and cognitive control in the cingulate cortex. Nature Reviews Neuroscience, 12(3), 154-167.

80　1） 間中麻衣子「産後うつ病の研究動向および産後うつ病予防における看護の課題」『ヒューマンケア研究学会誌』第7(2)：63-66，2016

　　2） 村本淳子・高橋真理編『ウィメンズヘルスナーシング概論──女性の健康と看護』ヌーヴェルヒロカワ，東京，2006

　　3） Kohl, J., Autry, A. E., & Dulac, C. (2017). The neurobiology of parenting: A neural circuit perspective. Bioessays, 39(1), 1-11.

　　4） Kim, P., Strathearn, L., & Swain, J. E. (2016). The maternal brain and its plasticity in humans. Hormones and behavior, 77, 113-123.

82　1） レイチェル・カーソン著，上遠恵子訳『センス・オブ・ワンダー』新潮社，1996

　　2） 稲垣栄洋著『身近な雑草のゆかいな生き方』草思社，2003

　　3） Surface&Architecture 編『生き物としての力を取り戻す50の自然体験──身近な野遊びから森で生きる方法まで』オライリージャパン，2018

Part 4

やりたい楽しいを引き出す

感覚統合＝
トランポリン？ ブランコ？

感覚を一方的に入れるのではなく、
子どもたちが「楽しい」と思えるような活動を提供すること

① 感覚統合理論とは

　米国の作業療法士であるエアーズ博士は、人間の発達や行動を、脳における感覚情報の統合という視点からとらえて感覚統合理論をつくりました。感覚統合理論は、子どもの発達、行動、学習を支援するうえで大切な視点を与えてくれます。「脳」というと難しく聞こえますが、脳の発達には、子どもも大人も「楽しい活動」「ちょうどよいチャレンジとなる活動」に自分から取り組み、「成功したときの達成感」を得ることが重要だといわれています。

② 感覚統合の３つの法則

　感覚統合には**３つの重要な法則**があります。１つめは、「**感覚は脳の栄養素である**」という法則です。身体が成長するための主な栄養素が食物であるとしたら、脳が発達するための栄養素は感覚と考えられます。

　２つめは、「**感覚入力には交通整理が重要である**」という法則です。感覚が栄養素になるのは事実ですが、量が多ければよいというわけではありません。感覚を脳に届けるまでの道が混雑することなく整理されていることが重要です。

　３つめは、「**感覚統合は積み木を積むように発達する**」という法則です。基本となる感覚を土台に、姿勢やボディイメージ、微細運動などの積み木を積み重ねて、最終的には教科学習などの最終産物（final product）に辿りつくことを示しています。つまり、読み書きなどの教科学習や言葉の遅れ、手先の不器用さなどの目に見えやすい問題は、ピラミッドの上の方の問題です。しかし、これらの問題に対する支援では、その土台になっている感覚・運動面へのアプローチが重要になります。

図1）感覚統合の発達モデル
（Ayres（1982）を参考に作成）
簡素化するために省略・改変しています。必要に応じて、原文（Ayres,1982）もあわせてご確認ください。

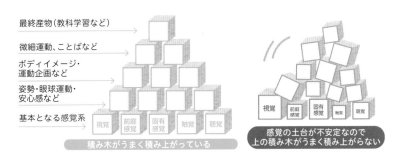

最終産物（教科学習など）
微細運動、ことばなど
ボディイメージ・運動企画など
姿勢・眼球運動・安心感など
基本となる感覚系

視覚　前庭感覚　固有感覚　触覚　聴覚

積み木がうまく積み上がっている

視覚　前庭感覚　固有感覚　触覚　聴覚

感覚の土台が不安定なので上の積み木がうまく積み上がらない

③「5感」ではなく「7感」

　「感覚」と聞いて思い浮かぶのは、視覚、聴覚、嗅覚、味覚、触覚の5感ではないでしょうか？これらの他にも、固有感覚、前庭感覚という2つの重要な感覚があります。つまり、合計7つの感覚を栄養素として脳は発達していきます。

　エアーズ博士は、これら7つの感覚の中で、特に重要な感覚として触覚・固有感覚・前庭感覚を挙げています。触覚は、触ったり、触られたりすることを感じる感覚で、皮膚を通して感じます。針でチクッと刺された痛み、水を触ったときの温度、毛布の柔らかさなどを感じる感覚です。

　固有感覚は自分の身体各部の位置や動き、力の入れ具合などを感じる感覚で、筋肉や関節を通して感じます。前庭感覚は加速度（重力、頭の傾き、スピード、回転）を感じる感覚で、耳の奥にある、耳石器と三半規管を通して感じます。

　これら3つの感覚は、身体の情報をキャッチする感覚（身体感覚）になります。子どもは身体を使って（動いたり、なめたり、触ったりして）外界を探索し、新しい発見を積み重ねていきます。

視覚	触　覚	固有感覚	前庭感覚
聴覚			
嗅覚			
味覚			

7感

図2）感覚の種類

（高畑脩平）

2　この世界に適応するためには❓

安心感の獲得と重力への挑戦

❶ 出生後の劇的な環境変化への適応

　子どもは誕生と同時に劇的な環境の変化を経験します。それは、しっかりと守られている母親の胎内から、重力の影響を受ける外の世界に、身体ひとつ無防備な状態で出てくるわけです。つまり、乳児期における発達では「不慣れな外の世界に適応していくこと」が重要なテーマになります。外の世界に適応するた

めには、①外の世界に対する「安心感」を得ること、②重力環境下における身体の動かし方を試し・学んでいくことが重要です。エアーズ博士も著書『子どもの発達と感覚統合』の中で、感覚統合の第一段階として、「安心感を得るための心地よい触覚」と「重力と姿勢の関係」について特に言及しています。

❷ 安心感を得るための心地良い触覚

　エアーズ博士は、「触覚は心地よさと安心感を与える主要な源泉である」と述べています。乳児期の子育てにおいては、子どもが不快感を感じて泣くと、親は抱っこをして落ち着かせようとすることは誰しもが経験することでしょう。

　このように、抱っこやふれられること（触覚）が安心感や快の体験となり情緒の安定にもつながっていきます。そのため、乳児期から家族との「ふれあい遊び」や「じゃれつき遊び」

を日常の一コマに含めることが大切になります。

ふれあい（触覚）を通して安心感・情緒の安定を育む

③ 重力への適応と姿勢の発達

　乳児期の運動発達は、首すわり、寝返り、お座り、ハイハイ、つかまり立ち、伝い歩き、立つ・歩くの順に獲得していきます。これらは、重力とうまく付き合い（コミュニケーションを取り）、姿勢を発達させる過程ととらえることができます。

お座り

つかまり
立ち

立つ・歩く

ハイハイ

首すわり

寝返り

図）乳児期の運動発達

　さらに、姿勢の発達を細分化すると、「抗重力姿勢」と「バランス」の２つの要素が重要になります。抗重力姿勢とは、重力に負けないように身体を支え、姿勢を保つことをいいます。「重力に負けないように」と表現すると、あたかも重力がじゃま者のようにとらえられるかもしれませんが、重力方向を的確にとらえることで（前庭感覚の働き）、重力に抗う方向に筋肉を使うように身体は反応することができるのです（固有感覚の働き）。

　また、バランスとは、空間における頭の位置や傾きの変化に応じて（前庭感覚の働き）、身体各部位の位置関係を整えたり、別の身体部位で変化分を補ったりして姿勢を修正することをいいます（固有感覚の働き）。

　つまり、乳児期における姿勢の発達には、前庭感覚と固有感覚の統合が不可欠であり、乳児期から身体を使った遊びをしっかりと行うことが重要となります。

斜面を登ることを通して姿勢を育む

（高畑脩平）

思った通りに身体が動くのはなぜ？

ボディイメージを的確に把握していることが重要

❶ 基本的な運動機能の次は？

　第一段階では、抗重力姿勢や姿勢バランスといった基本的な運動機能を発達させますが、第二段階は、より複雑な運動や不慣れな運動を計画（運動企画）し実行することに関連しています。これらには、自分の身体のイメージ（ボディイメージ）を的確に把握しておくことが重要となります。本項では、「ボディイメージ」と「運動企画」に焦点を当てて解説を行います。

❷ ボディイメージ

　ボディイメージとは、自分の身体に対するイメージのことで、主に触覚・固有感覚・前庭感覚をもとにつくられます。**身体の輪郭や大きさ（身体の地図）、身体がどこまで、ど**

遊びを通して身体の輪郭、サイズ感を把握している様子

んなふうに動くか（身体の機能）を自分自身で的確に把握できているかが重要になります。

これらは、布団に包まれたり、おしくらまんじゅうで友達とふれあうなど、触覚（圧迫）を通して身体の輪郭のイメージを高めたり、狭い穴を通るなど環境との相互作用の中で自分の身体のサイズ感を把握していきます。

また、よじ登ったり、しがみついたり、ジャンプしたりするなど環境にチャレンジする中で、どのように手足や体幹を動かすことができるのか、自分にはどの程度の運動能力があるのかを把握することにつながります。これらは、私たちが自分の身体を思い通りに動かす際に非常に重要な役割を果たしています。

③ 運動企画

運動企画とは「新しい不慣れな運動を企画（計画）し、身体の各部分をあまり意識せずにタイミングよく順序立てて協調させながら、目的となる運動を実行すること」を意味します。

例えば、スキップをするときに、右・右・左と軸足をリズミカルに変える必要があります。最初は頭で考えて運動企画を行うため、誰もがぎこちなくなりますが、だんだんと意識しないでリズミカルに動かすことができるようになります。運動企画が未熟であると、いつまでも頭で考えて手足を動かすことになるので、ぎこちない動きになりがちです。

また、運動企画が未熟な子どもは、遊びが発展せず同じ遊びばかりしがちになります。そのため、発達において重要な「**見つける→やってみる→気づく→発見する→発展させる→学ぶ**」という循環が生まれにくくなります。

運動企画は、土台にあるボディイメージが特に重要になります。乳幼児期から遊びを通してボディイメージを高めることが大切です。

初見のジャングルジムに対して、どのような手順で手足を動かし、どのように重心移動を行うかを計画して登っている様子

（高畑脩平）

「手先が不器用」＝手先の訓練❓
「ことばが遅い」＝言語訓練❓

遊びや生活が土台になる

❶ 「手先が不器用」「ことばが遅い」をどうとらえる？

　感覚統合の第3段階として「微細運動」「ことば」があります。作業療法士として子育て中の保護者の相談を受けていると「手先が不器用」や「ことばが遅い」という心配ごとは頻繁に語られます。それに対して、「手先を使う練習をする」や「ことばを話す訓練をする」ということは基本的には行いません。なぜなら、微細運動やことばの土台へのアプローチを行うことが重要であるからです。

❷ 微細運動

　お箸やハサミの操作、服のボタンとめなど、子どもの生活の中にはたくさんの微細運動が含まれています。これらは、ある日突然できるようになるわけではありません。土台にある「姿勢」と「触覚・固有感覚」が重要になります。

　発達の法則の中に「中枢から末梢の順に発達する」という法則があります。身体の末端部に位置する手は、体幹・肩甲骨・肩・腕の安定性が確保されてはじめて、スムーズに操作することができます。つまり、微細運動には、姿勢の安定が基盤として重要になります。

　また、触覚・固有感覚に関して、子どもの頃に雪合戦をしようと「手袋をはめて靴紐を結ぶ」「雪合戦をした後、手の筋肉が冷えた状態で靴紐を結ぶ」という経験はあるかと思います。どちらも、普段よりもうまく結べないと思います。つまり、微細運動を行うには、指先の触覚や固有感覚の情報が重要ということです。

3 ことば

「ことばの発達」とよく表現されますが、「ことば」だけが単独で発達することはありません。子どもたちが発する「ことば」は全体発達の反映ととらえることが重要です。このこ

とを、言語聴覚士の中川信子先生は「ことばの氷山」と「ことばのビル」の2つのモデルを通してわかりやすく説明されています。

a. ことばの氷山

大人は「言えることば」に焦点を当てがちですが、それは水面の上に出ている氷山の一部にすぎません。水面下に潜っている「わかる（ことば）」や「わかる（ことがら）」の土台となる部分が重要で、これには実体験を通して「わかること」が不可欠といえます。

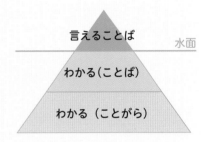

図1) ことばの氷山（中川（2017）を参考に作成）

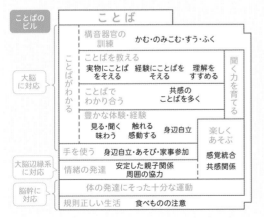

b. ことばのビル

「ことば」をビルの最上階に位置づけた時に、ビルの土台には「生活」「楽しいあそび」「全身や手先の操作」「共感」などのキーワードが挙げられています。つまり、ことばの発達における特効薬はなく、あるとすれば「楽しくて豊かな生活体験」という結論になると考えます。

楽しくて豊かな生活体験とは、見る・聞くだけではなく、触る（触覚）、操作する・動く（固有感覚・前庭感覚）といった感覚統合で特に重要とされる3つを含んでいると考えられます。

図2) ことばのビル（中川（2017）を参考に作成）

（高畑脩平）

子どもの"主体性"を育てるには❓

子ども中心を基本に、付かず離れずの関係性を！

① 子ども中心

主体性とは「変化を起こすために、自分で目標を設定し、振り返り、責任をもって行動する能力」[1] をいいます。今後、より予測不可能で不確実な時代となると言われている今、子どもの主体性が重要視されています。

そんな主体性を育むための基本姿勢は「**子ども中心**」です。子ども中心とは、可能な限り子どもの**モチベーション**、**意味**、および**選択**を尊重した関わりで、子どもの主体的な生活を目指すことです。

子どもの意志（目標）に耳を傾け、その成功を支えます。もちろん、子どもの選択によって失敗することもあるでしょう。それでも、子どもを支持してあげる姿勢が大切です。

② フロー

フローとは、「自身の能力が発揮され、すべてがうまく進んでいると感じられる心の状態」[2] です。これは、心理学者のチクセントミハイが提唱しました。子どもにとって、このフローの状態が成長に重要であり、それに気づいて**邪魔しないこと**が大切です。

一方で、常に放っておけばよいわけではありません。大切なことは子どもの「スキル」と「挑戦感」のバランスです。子どものスキルが高すぎて活動が簡単すぎてもいけません

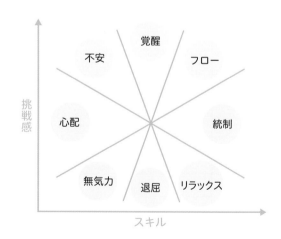

し、逆に難しすぎるのもいけません。子ども
は自ら調整して、何かに没頭できると思いま

すが、時には**大人がその機会を提供してあげ
ることも大切です。**

③　3つの声かけ

　子どもが主体的に挑戦する際に、大切なの
は「**安全基地**」です。挑戦には不安がつきも
のです。子どもが心のどこかで親（安全基地）
を感じることができれば、その一歩を踏み出
せます。

　安全基地は親子の愛着形成によって築かれ
ます。スキンシップやコミュニケーションが
大切であることはもちろんですが、子どもが
遊んでいる時に使える**3つの声かけ**[3]を紹介
します。

❶ 子どもの言葉を繰り返す

ホントだ！車を作ったんだね！

ぼく車を作ったよ！

❷ 子どもの行動を言語化（実況中継）する

〇〇ちゃんはお姫様を描いています

❸ 具体的にほめる

積み木を積むのがとっても上手ね

　子どもは自分が発した言葉をくり返し言っ
てもらったり、行動を言語化してもらえると、
「しっかり自分に注目してくれている、見守っ

てくれている」という感覚を感じます。そし
て、具体的にほめられることで、自分の行動
に自信をもつことができます。

（塩津裕康）

子どもの"問題解決力"を身につけるには？

問題解決の枠組みを子どもと一緒につかいましょう！

❶ 子どものひとり言

なぜ子どもはひとり言が多いのでしょうか？そこには、子どもの育ちが深く関係しています。

心理学者のヴィゴツキーは、小さい子どもが困難な課題を解決する時に、あからさまな**ひとり言**をすることに着目しました。

ひとり言は、幼児期の間に増加・ピークを迎え、8〜10歳ごろにはなくなっていきます。また、簡単な課題より、困難（あるいは未経験）な課題の方が、よりひとり言を用います。このことから、問題解決に言葉を利用していることがわかります。**言葉ー思考ー行動**を組み合わせる経験が、問題解決力のカギとなります。

❷ 問題解決の枠組み

子ども・大人関係なく、すべての人が日々問題解決しながら生活しています。みなさんは、どのように問題を解決するでしょうか？世の中にはさまざまな問題解決の方法がありますが、ここで紹介するのは**Goal（目標）-Plan（作戦）-Do（実行）-Check（確認）**です[1]。

問題解決とは、このプロセスに沿って試行錯誤し、解決策を発見することです。まずは、この問題解決の方法を子どもに教えることが、問題解決力を育む第一歩です。

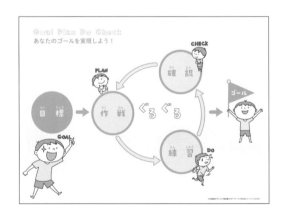

図）GPDC：Goal-Plan-Do-Check
（『子どもと作戦会議 CO-OP アプローチ入門』塩津（2021）より転載）

③ 作戦会議

　問題解決できるということは、**よい作戦を発見できた**といえます。単純な活動内容であれば、自動的に問題解決できると思いますが、年齢が上がっていき、より複雑な活動内容を求められるようになれば、作戦を発見し使用することが大切になります。

　うまく作戦を見つけるためには練習が必要で、大人（または他の子ども等）と一緒に行う機会が必要です。いわゆる**作戦会議**です。ここでは、大人が教えるのではなく、子どもが発見できるようにサポートします。そこで、重要なのは**発見を促すような質問**をすることです。

　質問にはいくつかのタイプがあります。質問力を身につけて、子どもの発見をどんどん促しましょう。

事　実	類　比	対　比	因　果	展　開
Ⓐ	Ⓐ ·ıı· ？	Ⓐ ↕ Ⓑ	Ⓐ ↓ Ⓑ	Ⓐ ↙↓↘ ？ ？ ？
そのものを聞く	似たものを聞く	違いを聞く	原因と結果を聞く	展開を聞く
Ⓐは何に見える？ Ⓐはどうなってる 　など	Ⓐは何と 似ている？	ⒶとⒷで どっちが良い？ ⒶとⒷで どこが違う？	Ⓐをどうすれば Ⓑになる？	Ⓐは他にどんな ものがある？ Ⓐは別の活動でも 使える？

※組み合わせて使用することも可能

（塩津裕康）

子どもの "できた!" を育む 科学的な方法とは❓

目標を自身で達成し、 その成功をさらに応用していく：CO-OP

❶ CO-OP：コアップ

CO-OP（コアップ）[1、2] とは、日常作業遂行に対する認知オリエンテーション（Cognitive Orientation to daily Occupational Performance）の略です。運動が不器用な子どものために開発されたアプローチですが、自閉スペクトラム症や脳性麻痺の子どもに対しても運動の改善や目標達成に効果があると報告されています。そのため、CO-OPは、さまざまな子どもに用いることができます。

世の中には、子どもの支援方法がたくさん存在します。ただ、その中で**科学的にその効果が検証された支援方法**はどれだけあるでしょうか？　CO-OPは、1990年代から数多くの研究によって効果検証され、効果が認められたアプローチの一つです[3]。

❷ 目標を決める

これまで紹介した『主体性（P94-95）』『問題解決力（P96-97）』は、実はCO-OPのエッセンスを詰め込んでいます。あわせて参照してください。

CO-OPは必ず**目標を決める**ことから始めます。子どもは何にモチベートされているか、何に意味を感じているのか、お話しする機会をぜひつくってください。子どもにとって無

目的な活動や時間は大切です。ただ、子どもの成長の中で、目標を明確にし、それを達成する経験もとても大切です。その経験は、**自己効力感（自分ならやれる！という感覚）、自己調整（自分の行動や感情をコントロールする）、メタ認知（自分を客観視する）を育て、子どもの自律の基礎となります。**

ただ、幼児期の子どもは、目標設定するこ

とが難しいと思います。そのため、まずは好奇心にもとづき遊びに取り組んでいる中で困難が生じたときに、それをクリアすることを目標に掲げることから始めてもよいでしょう。

主体性　言葉

目標　問題解決力

→ 自己効力感　自己調整　メタ認知

❸ できた！のその先へ

　子どもが何か"できた！"時は、他の活動もできる可能性を秘めています。このチャンスを他活動に活かせる関わりができれば、子どもの自律に近づくことが期待できます。

　他活動への活かし方は2つあります。1つめは、**異なる場面でも活動ができるようになること（般化）**です。例えば、平坦な道で自転車に乗れるようになったことを活かし、坂道でも自転車に乗れるようになることがあげられます。

　2つめは、**全く別の活動に活かすこと（転移）**です。例えば、左手をうまく使いハサミが上達したことを活かし、左手で紙を押さえることで文字を上手に書けるようになることがあげられます。

　これらを実現するためには、子どもが何か1つできるようになった時に「他の場所でもできるかな？」「他の活動でも活かせられるかな？」など、できた！を広げる働きかけが重要です。

般　化

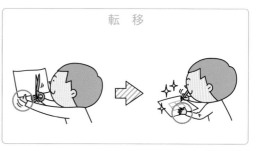

転　移

（塩津裕康）

〈引用・参考文献〉

| 86-93 | 1）加藤寿宏監修，高畑脩平・田中佳子・大久保めぐみ編著『乳幼児期の感覚統合遊び』クリエイツかもがわ，2016 |
| | 2）加藤寿宏監修，高畑脩平・田中佳子・大久保めぐみ・萩原広道編著『子ども理解からはじめる感覚統合遊び』クリエイツかもがわ，2019 |

| 92 | 1）中川信子「発達障害を持つ子どものことばを育む——外来でのご家族へのアドバイスを含めて」『小児の精神と神経』57(3)：179-188, 2017. |
| | 2）中川信子著『1・2・3歳ことばの遅い子——ことばを育てる暮らしのヒント』ぶどう社，1999 |

94	1）OECD: OECD learning compass concept notes. 2019.
	2）エリザベス・タウンゼント，ヘレン・ポラタイコ編著，吉川ひろみ・吉野英子監訳『続・作業療法の視点——作業を通しての健康と公正』大学教育出版，2011
	3）Gurwitch RH, et al.: Child-Adult Relationship Enhancement (CARE): an evidence-informed program for children with a history of trauma and other behavioral challenges. Child Abuse & Neglect, 53: 138-145, 2016.

| 96 | 1）塩津裕康著『子どもと作戦会議 CO-OP アプローチ™入門』クリエイツかもがわ，2021 |

98	1）塩津裕康著『子どもと作戦会議 CO-OP アプローチ™入門』クリエイツかもがわ，2021
	2）Polatajko HJ, Mandich A: Enabling occupation in children: The Cognitive Orientation to daily Occupational Performance (CO-OP) approach. ON: CAOT Publications ACE, Ottawa, 2004.
	3）Novak I, Honan I: Effectiveness of pediatric occupational therapy for children with disabilities: a systematic review. Aust Occup Ther J, 66(3): 258-273, 2019.

Part 5

しっかり基礎づくり

5

そもそも発達って何 ❓

生きる力の原動力

❶ しなやかな動き

赤ちゃんは、お母さんのおなかの中で、まあ〜るくなって、力をいれることなく、ふわふわと心地よく過ごします。そして、生まれたら、「からだが重い!!　あれ。動けない?」とは言いませんが、急にからだの重さを感じることでしょう。今度は、お母さんに抱っこされて、お顔をじっと見たり、うつ伏せで音のする方向を見たり、日々の筋肉運動の開始です。

生後3か月、手を真ん中であわせ、そして、指しゃぶり。次は、真ん中を超えて、反対側にあるものに、手が伸びて、肘が伸びて、肩が動き、肩甲骨が床から離れる滑らかな動きができるようになります。そして、もっと遠くのものに触りたいと、脇が伸びて寝返りをして、そのおもちゃで遊べるようになります。

寝返りは、右にも左にもできるようになります。足も、おしりが床から離れるようになり、足を持ってお口に入れられるようになります。重力とのたたかいの中で、身体を調和しながらしなやかな動きをつくっていきます。

❷ ご両親は一人旅ができるまでのコンシェルジュ

お母さん、お父さんは、いつも目を見て、笑顔で話しかけてくれます。赤や黒、縞模様の魅力的なおもちゃ、また、きれいな音のでる本、動くおもちゃ、ふれるとやさしい音がする木のおもちゃなどをやさしい声で、渡してくれます。楽しくて自然にからだが動いていきます。そのうち、お座りができるようになり、両手が自由になると、自分で持って遊べるようになります。お母さん、お父さんは笑顔で見ていてくれます。

少し経つと、離れたところから声をかけてくるお母さんのところに、ハイハイで行ける

ようになります。そして、片方の膝を立てて、もう一方の足で床を押して立とうとすると、お母さんがからだを支えてちょっと手伝ってくれます。

　一人で、床を手で押して立ったら、お母さんは笑顔で拍手をしてくれます。そして、一歩、二歩と一人旅の始まりです。

❸ 生活の中で育つ

　おんぶをしてもらったら、お母さんの背中にぴったりとからだがくっつきました。そして、頭の横にお顔がでました。「ニンジンをきりますよ」「お鍋にいれますよ」「よく煮ましょうね」「お醤油を入れましょうね」と、今日も実況中継のはじまりです。そのうち、よい香りがしてきてのぞきたくなり、上に伸びあがります。

　「ただいま～」のお父さんの声で、ハイハイでお迎えです。次は、お父さんとお風呂。頭、お顔、首、肩甲骨の周り、背中、手足、脚を歌などとともにマッサージをしながら洗って、拭いてもらいます（プログラム P142～160 参照）。今日使った筋肉が緩み、眠くなります。

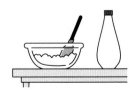

（町村純子）

離乳食がうまく食べられない原因は、私の作り方？ あげ方？

運動発達とお口の発達は両車輪

❶ うつ伏せ、お座り、寝返り、ハイハイで育つ口

　赤ちゃんは、おなかにいるときは、無重力状態でいますが、ひとたび誕生しますと、重力とのたたかいの始まりです。日々の筋肉運動と関節の動きで、からだが床から離れ、自由に動けるからだとなってきます。

　生後5か月くらいには、肘をついた**うつ伏せ**ができるようになり、頭を上げて胸あたりまで床から離れることができるようになります。目の前の見たものに手が届くこともあります。その時に普段上顎についていた舌が、上顎から少し離れて空間ができます。舌もか

らだの動きとともに、重力とのたたかいの毎日です。

　生後6か月、さらに床からからだは離れ、斜め上を見られるようになります。この頃から舌も少しねじれるような動きをしていきます。

　寝返りではどうでしょうか。唇を閉じている子なら上顎に舌がついていて、その舌も一緒に回転します。**ハイハイ姿勢からお座り姿勢への体位変換**は、舌も上下左右斜めに動いていきます。

普段上顎についていた舌が上顎から少し離れてます

頭の上下にともない舌も上下に運動します

❷ 『う』の口で、吸う

　口の発達はからだの運動発達とともに、つくられると考えています。この時に、舌が上顎にぴったりとつくのは、唇が閉じられているときです。唇は、飲食の時に食べ物が出ないようにする、声を調整する、表情をつくる、ふれて物を感じるなど大切な部分です。

　生後8か月、吸うことで音がする笛をならせるようになります。そのままの口で発声すると「う」となります。

　唇をすぼめて、水分がすすれるようになる時期なのです。すすれるということは、息を深くはけ、そして長く吸えるという呼吸のコントロールには重要なことです。

　毎日の生活の中で正しく使うチャンスがあれば、機能はどんどん上がっていきます。この時には、「う」と口がすぼめられ舌の先の方がホールになるコップ（P189参照）を使うことをおすすめします。

❸ 食べて育つ滑舌

　「運動発達の状態を見ると、口の発達が見える！」。運動発達と口の発達は同時進行です。

　お子さんが支えすわりをできるようになると、舌も押し出すことが少なくなってきます。そろそろ離乳食の開始時期でしょうか。

　離乳食は、口の機能をつくるためのものだと考えています。初期の段階で、唇を閉じてスプーンを取り込む、唇を閉じて飲み込むという練習の開始です。

　中期には、唇を閉じて、顔の筋肉を大きく使い、舌と上顎で押しつぶし、唇を閉じて一瞬息を止めて飲み込む練習をします。

　後期には、前歯でかじり取り、前に近い歯茎で咬んだり、奥の歯茎ですりつぶすようにしたりして、唾液と混ぜます。そして唇をしっかり閉じて飲めるようになっていきます。

　離乳食の過程できれいな発音の基礎となる口の機能の発達がおこります。

（町村純子）

お箸がうまく使えない子は、お箸の練習したらできる❓

首がすわるところからの発達に鍵があります

❶ 吸盤のような手のひら

赤ちゃんの手のひらを指で刺激すると、握ってくる反射があります。これは、3〜4か月くらいに消失し、ガラガラを手のひら、手指で握り、遊べるようになります。

生後3か月ごろ、首も安定し、上向きに寝て、手のひらと、足の裏を合わせてからだの中心で遊ぶようになります。両手遊び、指しゃぶりなどを始めます。

その後、からだの真ん中を超えて手が動くようになり、手から連動して肩甲骨が動き、半分寝返るような姿勢もできます。

生後8か月、親指と他4本の指が対抗するような位置でつまめるようになります。この時に、手のひらが柔軟に丸くなる動きが、その後の指の器用さに影響していきます。その後、おへそ周辺だけを床につけて、股関節を伸ばし、手のひら全体を使って床を押し、からだを足の方向に移動できるようになります。時には、回転もします。手のひらは、吸盤のように床にくっつき、薬指、小指を中心に使い右回り、左回りと回転をします。

10か月、ハイハイをするときにも、しっかりと手を開いて、肩甲骨から腕を動かし大きな動きができるようになります。

❷ 三ができる手

その後、手のひらサイズの回す蓋がついたケースを、両方の手を動かしながら開閉の動きを楽しみます。3歳近くなると、手のひらは使わず指で、片手で固定して持ち、もう一方の手で回して開閉できるようになります。

1歳過ぎると人差し指で、指差しができ、2歳ごろには、人差し指と中指で、「2歳」ができるようになります。さらに、3歳になると手のひらを丸くして、小指を親指で軽く押さえて「3歳」ができるようになります。

ここで手のひらの使い方、握りの指（薬指と小指）とつまみの指（親指、人差し指、中指）の発達の確認ができます。

この握りの指の発達は、ハサミで切る、お茶碗を持つ、物を運ぶ、ぞうきんを絞る、包丁で切る、ラケットを握るなどの生涯大切な機能です。

❸ 食具と手の発達

1歳前近くになると、手づかみ食べが始まります。手のひらを丸くして親指と人差し指、中指を使ってつまんで、前歯で一口量を調整しながらかじり取れるようになります。

次は、

❶支援者が一口量をすくったスプーンをお皿においてあげ、そのスプーンを持って口まで運ぶ練習の開始です。

❷自分で上からもって、肩と肘を動かし、お皿にあててすくい、口に入れます。この時は手首とスプーンは一体です。

❸スプーンを下から持ち、肩甲骨は安定し、スプーンですくえ、口まで運べるようになります。この時は、手三指（親指、人差し指、中指）は、動かすことはないです。

❹そのうちに手首の動きが少しずつ出てきます。

❺手首を柔軟に動かして、三指の動きを使ってスプーンですくって、食べられるようになります。

指の動きが出てきたら、お箸が使えるようになります。お箸は、一本は固定箸で、薬指に乗せて動かなく、もう一本は可動箸、三指で持ち、回転をさせながら使えるようになります。

＊COLUMN「発達にあわせて選ぶ食具と食器‼」（P188）参照

（町村純子）

運動能力を伸ばす、子育てのコツはあるの❓

4

赤ちゃんのからだを知ること

❶ 自分で自分のからだを知る

生後2か月、寝ていて、自分の手をじっと見ます。

生後3か月、両手両足を中央で合わせて、手を見たり口に入れたり、おもちゃで遊んだりします。そのうち、自分の真ん中を超えたところのおもちゃに興味が出て、触りたいと、手を伸ばします。床から、からだがどんどん離れて動けるようになります。

5か月には、上向きでお尻がより床から離れて上がり、からだがまるくなることで足を手で持って遊べるようになります。足をなめ

ることもできるようになります。うつ伏せでは、両肘をついて、手のひらを上に向けたり、下に向けたりして遊べるようになります。みぞおちくらいまでからだが床から離れると、頭はからだの中央においたまま、片方の手で、高いものにふれられるようになっていきます。

このように、発達は、床にふれていた部分がからだの上下左右とも少なくなる、自由に動ける部分が増えてくると理解するとわかりやすいと思います。

② ふれるタイミング

赤ちゃんは、ずっと触っていたいと思うかわいらしさがあります。ふれることによる効果は、山口創先生によると、

❶深部体温が下がる　深部体温の低下は、からだが心からリラックスして眠くなることを意味します。

❷オキシトシンの分泌　「絆ホルモン」とも呼ばれ愛情や信頼感を深めるといわれています。特にマッサージなどでは、施術者の方がより多く分泌されるといわれています。

❸自律神経の変化などが挙げられています。

ふれることのポイントは、ゆっくり1秒間に5cmくらいの速さで、少し圧をかけながらがよいとされています。

「お風呂で体を洗う時、出てからからだを拭く時」「抱っこをして寝かしつけるときに腰の少し上あたりをやさしくトントン」「童謡などの歌に合わせてふれる」「赤ちゃん体操やマッサージでふれる」を、日常の子育ての中にいれてください。

③ 動いているときがチャンス

乳児はからだが人や物にふれたり離れたりすることで、からだの境界、からだの大きさやからだの部位を知っていくといわれています。発達の中でそれを獲得するのに、①自分でふれる、②人にふれてもらうという方法があります。自分と物との関係の中で、触りたい、そのおもちゃで遊びたい、音がする方向を見たいなど、発達に合わせて、お子さんが動きたくなるような仕掛けをつくっていくと

よいでしょう。

お子さんにふれる場合、赤ちゃん体操やストレッチマッサージなど時間を決めて行うのもよいのですが、遊んでいるときに、お子さんが自ら動き、例えば何かを取ろうとして腕を伸ばした時（自分でストレッチ）動かすその方向にマッサージをするのもよいと思います。日常生活の中にチャンスはいっぱい転がっています。

（町村純子）

生活習慣と子どもの育ちって関係あるの❓

YES！ 毎日の少しずつの積み重ねで子どもがもっと育つ

❶ 子どもの4割が○○!?

わが子にはすくすくと健康に育ってほしい。それは誰であっても共通の想いだと思います。それを実現するために知っておいてほしいことは、昔に比べて育てにくい子どもが増えているということです。

文部科学省によると通級指導を受けている子どもは年々増加し、1993（平成5）年から2019（令和元）年にかけての26年間で約10倍に増えていることが報告されています。出生数は年々減っているのに、育てにくい子どもが増えているという現状、不思議ですよね？

さて、話は変わりますが、これを読んでいるみなさんは、片足立ちや前屈、しゃがみ、バンザイなどの動作は、どれくらいできるでしょうか？今は少しやりにくくても子どもだったときには、そんなにやりにくさを感じなかったかと思います。

実は、これらは子どものロコモ

チェックと呼ばれる子どもの運動発達の状態を調査するために用いられています。ロコモとは、ロコモティブシンドローム＝運動器症候群のことで従来は高齢者の運動機能の低下を示す言葉でした。それが、今は子どもたちの4割がいずれかの検査で引っかかってしまうことがわかっています。また、これに関して、生活習慣の変化が大きく関与しているのではないかと考えられています。

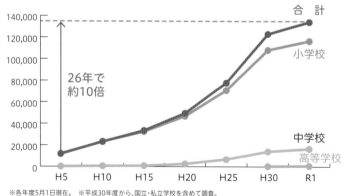

※各年度5月1日現在。 ※平成30年度から、国立・私立学校を含めて調査。
※高等学校における通級による指導は平成30年度開始であることから、高等学校については平成30年度から計上。
※小学校には義務教育学校前期課程、中学校には義務教育学校後期課程及び中等教育学校前期課程、高等学校には
　中等教育学校後期課程を含める。

表）通級による指導を受けている児童生徒数の推移

（出典：文部科学省「令和元年度　通級による指導実施状況調査結果について」より作成）

2 子どもの生活の変化

子どもの生活習慣、具体的にはどのように変化してきているでしょうか？　昔の子どもたちは外遊びが中心で、大人に怒られるまで外で遊んでいた時代がありました。それが今は、外では遊べるところが少なくなり、家の中でもできる遊びが充実することで、カラダを動かして遊ぶ経験が少なくなっています。

他にも、交通手段の発達による歩く機会の減少、便利な物の増加によるお手伝いやカラダを動かす機会の減少などがあげられます。そうした、社会と文化の変化によって子ども

の生活習慣が変わってしまったことが、子どもの運動発達に影響を与えていると考えられています。

3 子どもが育つ隠し味

子どもの発達と生活習慣のことについて説明してきました。ですが、この事実を知って悲観することはありません。これを知ったことは実はチャンス。というのも、子どもの発達が生活習慣の影響を受けるということは、**毎日の少しずつの積み重ねで子どもがもっと育つ**ということの裏返しなのですから！　でも、今の生活を昔の生活に戻すのって難しいです

よね。

そこで一つ提案です。子どもが伸びる要素を、毎日の生活に少しずつ取り入れていってみてはいかがでしょう？　この本にプログラム（P162〜）をいくつか掲載しています。毎日の生活のちょっとした隠し味として取り入れていくことで、子どもが伸びる発達のエッセンスになることと思います。

（野口　翔）

いつも3日坊主で終わっちゃう……
続けるコツってあるの？

習慣をつくる脳とうまくお付き合いする

① ダイエットが続かないワケ

ダイエットをするぞ！ 毎日英語の勉強をしよう！ そう思って初めてみたものの3日坊主で終わってしまったことありませんか？ それは実は脳と習慣の仕組みによるものなのです。

毎日の行動を思い返してみましょう。朝起きてから夜寝るまでの間、どのように行動していますか？ 私たちの1日の行動は45％が習慣によって支えられているといわれています。私たちの脳は効率よく生活を行うために、できるだけエネルギー消費を抑えるように省エネに設計されています。これに役立つのが習慣です。

私たちの脳は新しい行動をくり返すうちに、パターンを学習し、特定のきっかけに対して自動的に反応するようになります。例えば、「朝起きたら歯を磨く」のように。脳は行動を自動化することによって、エネルギー消費を抑えています。これこそが習慣のメリットであると同時に、習慣を変えることを難しくしている理由でもあります。

新しいことや不慣れなことには、非常に多くのエネルギーを消費します。そして省エネ設計の脳は、できるだけなまけるためにふだんの習慣に戻そうとします。3日坊主の原因は、このような脳の仕組みにあるということです。

脳は行動を自動化することで省エネ状態を生み出す＝習慣

大脳基底核

❷ できるだけ頑張らない

では、どうやって習慣を変えるのか？ 答えは簡単。できるだけ頑張らないことです。えッ？ それってどういうこと？と思うかもしれません。脳はエネルギー消費を監視します。つまり、脳の監視をかいくぐるためにエネルギー消費をできるだけ抑えてしまえばいいということです。

例えば、毎日ジョギングをする！と決めたなら、毎日ジャージに着替えることを合格ラインに設定したり、毎日英単語を覚える！と決めたなら、英単語帳を開くことを合格ラインに設定したりするなどのように。

新しい習慣づくりにかかる日数は平均で66日といわれています。脳の監視をくぐり抜けて毎日することが当たり前になることから始めてみることで、習慣を変えていってみましょう。

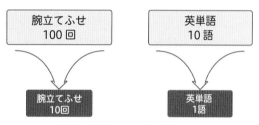

1日の合格ラインを小さく！

❸ さらにもうひと押し！ 続けるための工夫

習慣を変えるために、もう一つ重要なことがあります。それはやり忘れという天敵の存在。一度やり忘れてしまうと、次の日もついつい甘えてしまいがちです。それを防止するために、ついで行動をおすすめします。

それは、すでに習慣になっている行動のついでにやってしまいましょうということです。

例えば、朝起きたら歯磨きをすることが習慣になっているならば、歯磨きをしながら○○をするといったように。

このように、**習慣をつくる脳とうまくお付き合い**すると、3日坊主の壁って案外簡単に越えられてしまうのです。

（野口 翔）

体幹を育てるといいってよく聞くけど どういうこと❓

体幹は"生きる"をサポートする名脇役！

❶ 体幹はどこにある？

体幹という言葉、よく耳にするようになりましたね。最近では幼稚園や保育園の先生でも体幹という言葉を話しているのをよく聞くようになりました。では、体幹とは具体的にどこを指すのでしょう？　おなかまわりの筋肉を思い浮かべる方が多いのではないでしょうか？　まずは半分正解！とお伝えしておきます。

お腹まわりには、インナーユニットと呼ばれる４つの筋肉（横隔膜・多裂筋・腹横筋・骨盤底筋群）があり、これらが広い意味で体幹と呼ばれています。

そして、もう少しマニアックに見ていくと、上側を構成する横隔膜はさらにその上の筋肉と連結し、首や舌までつながりがつづいてい

ます。下側を構成する骨盤底筋群は、さらにその下の筋肉と連結し、足の裏までつながりがつづいています。

これらカラダの内側にある筋肉がしっかりと働くことでカラダが安定したり、姿勢を楽に維持したり、運動を効率よく実行したりすることに役立っています。

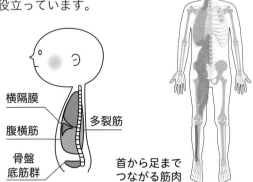

横隔膜
腹横筋
多裂筋
骨盤底筋群
首から足までつながる筋肉

❷ しなやかに生きるための体幹

このように体幹は、姿勢や運動に関係することがなんとなくイメージできたかと思いますが、実はそれだけではなく、気持ちのコントロールにも関係が深いことが知られていま

す。私たちの気持ちがどのようにつくられるかご存知でしょうか？

ドキドキ＝心臓、ハアハア＝呼吸、ゾクゾク＝皮膚などのように、実は私たちの気持ちは皮膚や内臓の影響を受けてつくられています。そういった皮膚や内臓の状態をコントロールしているのが自律神経と呼ばれる神経です。

自律神経は交感神経と副交感神経と呼ばれる神経で構成され、それぞれ興奮とリラックスにかかわっています。また、自律神経は背骨を通って全身に神経の枝を伸ばしていることから、体幹がしなやかに動くことは、気持ちをしなやかにコントロールすることにも関係してきます。つまり、**体幹は"生きる"をサポートする名脇役！**といえるでしょう。

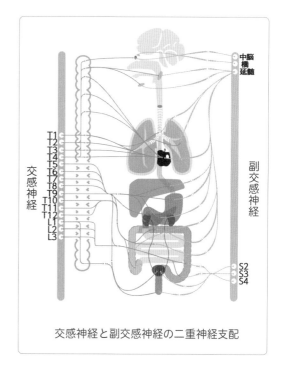

交感神経と副交感神経の二重神経支配

❸ 体幹が育つには

では、体幹を鍛えるにはどうしたらいいの？

たくさん運動したらいいの？って思うかもしれません。確かにたくさん運動することは大事です。でも、もっと大事なことがあります。先ほど紹介したように、体幹を構成する筋肉は舌や首、足の裏とつながっています。

つまり、しっかり舌を動かしていくことや、足の指で踏ん張る経験を積むことなどが、体幹の育ちにも影響していきます。この本のP162〜に簡単に取り組めるいくつかのプログラムを紹介していますので、ぜひ取り組んでみてください。

（野口 翔）

足育てって大切なの？

人間が二足歩行で歩くことができるのは
足のつくりが関係しているのです。

❶ 足の育ちはカラダの育ち

最近の子どもたちの中に、転びやすい、ケガをしやすい、じっと立っていることができない、といったことが急増中です。一体なぜ子どもたちに、このような現象が起こっているのでしょうか？　そのヒントとなる一つが「足」です。

足裏の面積は体全体のわずか2％足らずですが、私たちはこの小さな面積でバランスをコントロールしながら運動しています。そのため、この土台としての足の育ちがカラダの育ちと深い関係があると考えています。

❷ 子どもはなぜくつ下を履きたがらないの？

くつ下をすぐ脱いじゃう子、そもそも履くのが嫌いな子。足が冷えると思って履かせたいけどくつ下が嫌いな子って多いですよね。これって実は自然なことなんです。足の裏には、「感覚を受け取るセンサー」メカノレセプターと呼ばれる部分があります。特に、親指、足の指の付け根あたり、踵などに多く存在しています。この部位が「どの位置に体重がかかっているか」「どの方向に体が傾いているか」を感じとります。脳では、目や三半規管から入った情報とこの足裏の情報などをもとに、カラダが真っ直ぐになるように筋肉に命令をだしてバランスをとっています。ですので、転びにくいカラダやコントロールしやすいカラダを育てるためにも、できる限り裸足でいろいろな刺激を感じることが大切です。

子どもは生まれながらに自分のカラダで感じようとしているように思えます。感じるために刺激を妨げるくつ下を自ら避けているのかもしれません。

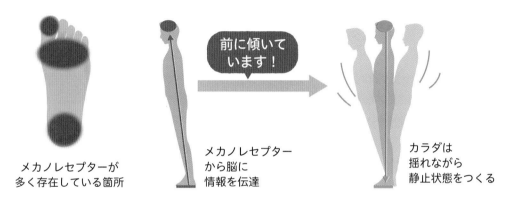

メカノレセプターが
多く存在している箇所

メカノレセプター
から脳に
情報を伝達

前に傾いて
います！

カラダは
揺れながら
静止状態をつくる

❸ 歩きだしは早い方がいいの？

　「あの子はもう歩いているのにうちの子は まだ歩けない、心配だわ」。このような声を よく聞きます。早く歩けることがいいかとい うと、必ずしもそうではありません。

　歩く前のハイハイを十分に行うことも大切 なのです。ハイハイは足の指をつかって床を 蹴る経験になったり、手や膝で床を押して体 を支えることになるので、腰まわりや肩まわ りの安定にもかかわってきます。

　相撲で横綱になった朝青龍もハイハイ時期

が長かったといわれています。昔と現代では 住む環境も変わり、畳の減少やつかまれる場 所が増えたことで、ものにつかまって立つ環 境が整っているため、立ったり歩いたりしや すく、逆にハイハイしないまま立ててしまう 子も少なくありません。

　後述する足指のプログラムも行いながら、 「歩かない焦り→たくましく歩くための準備」 ととらえていきましょう。

（鹿野昭幸）

靴選びってコツがあるの？

POINT

POINT
- 裸足で動く時間も大切に
- 足の動きと同じ靴を探そう
- 足と体を鍛える「下駄」

本来人間は裸足で歩けるようにできている！

1 もともとは みんな裸足だった

もともと人間は裸足で生活していました。足の裏の脂肪がクッションの役割を果たし、土踏まずができると、足裏のアーチがロイター板代わりとなり、飛んだり跳ねたりすることが楽にできるようになってきます。もともと人間は裸足で生活できるようにできているのです。

しかし、時代の変化とともに、道路もアスファルトが主流になり、裸足ではケガをしたり熱くて歩けなかったりと、裸足で生活するには難しく、靴を履くことが当たり前となりました。

外出するにはなくてはならない靴。子どもの発達を応援する靴選びを提案いたします。

2 足が喜ぶ 靴の選び方

靴といっても用途によってさまざま。将来は革靴を履く日もあれば、サンダルを履く日もあったりと、目的によって靴も変わります。ですので、「どんな靴でも履きこなせる足」に育つことが理想です。

ただ、幼少期の足の骨は、軟骨部が多くて関節が緩く、土踏まずが未発達です。幼児期の靴は、「足の骨格を支える」「足の動きを妨

げない」ものを選ぶと足も体も喜びます。

ケガをしない靴選び

ひもなどで
足の甲を
固定できる

かかとに
硬さがあり、
簡単に
つぶれない

靴底が
指の付け根
付近で曲がる

爪先の
余裕は約1cm
指が軽く動きを
ゆとりを

⚠ 試し履きのポイント

- 実際に履く靴下を着用するかかとをフィットさせて、ひもをゆるめる
- 必ず両足とも履いて歩いてみる

3 足を育てる履物「下駄」

下駄は江戸時代からある履物で、当時の日本人には扁平足がなかったといいます。それもそのはず、下駄には足の発達に必要な要素がすべて詰まっているのです。

足育でも述べましたが（P117）、足が育つのに足指を使ったり・足裏の感覚をたくさん取り入れることはとても大切な要素です。鼻緒を指でつかむことで足指が鍛えられ、また裸足で、下駄の木にふれることで、心地より感覚が足裏より伝わってきます。

また、下駄の一番の特徴である「歯」。見るからに不安定なこの履物を履きこなすことができれば、自然と体のバランスも整えられ、しなやかな運動ができる体幹へと育っていくことと思います。

足の育ちに必要な要素を先ほどお伝えしましたが、この要素がたった一つのことで網羅できるとっておきの方法があるのです。それは、「下駄」です。お出かけのついでに下駄を履いて歩くだけで、何もしなくても足やカラダが鍛えられていくのです。

はびりすでは、徳島県の「みかも木履」とコラボレーションし、「ベンガラ下駄」を共同開発しました。おしゃれ、かつ履くだけで足が喜び、カラダが育つ。一石三鳥にも四鳥にもなるこの下駄をぜひ、体感してみてください。

NPO法人はびりすと共同開発したベンガラ下駄

https://mikamomokuri.com

（鹿野昭幸）

うちの子、絵本が大好きなのに、文字に興味がない、なんで？

文字を楽しむためには3つの育ちが重要です！

❶ そもそも文字はどうして読めるの？

　私たちは毎日、何気なく文字を読んでいますが、生まれてからすぐに読めるわけではありません。成長していく中で、ひらがな・カタカナ・漢字の読字を獲得していくのですが、まずは文字が読めるメカニズムについてお話ししましょう。

　文字を読むための第1ステップは、文字の形を見ることから始まります。眼から入った文字の情報は脳の後ろ側、後頭葉に送られます。そして、どういう形を見ているのかということが処理され、はじめて文字の形を認識することができます。

　第2ステップは、その文字の読み方を思い出す段階です。形を認識することで、脳は「これは文字だ！」ということに気がつき、読み方を思い出すために、形の情報は脳の左下にある側頭葉に送られます。そこで、形の情報に読み方や言葉の意味の情報がつながり、はじめて読むことができます。

　私たちの脳は、この過程を高速で行えるため、スラスラと文章を読むことができます。

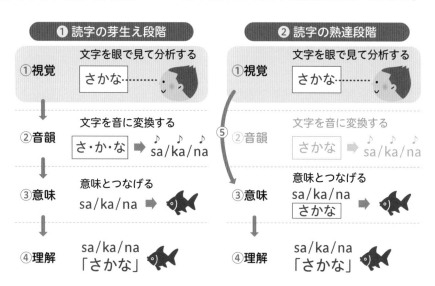

② 読字の発達

読字の発達は、まず1文字が読めることから始まります。1文字が読めるようになることで、ひらがなやカタカナを一通り読めるようになります。

読みはじめは1文字ずつの読字を行っていく段階で、「さかな」という文字を「さ・か・な」とたどたどしく読み、意味を理解することに時間がかかります。

その後、たくさんの文字を繰り返し読む中で、「さかな」という文字を「さかな」とひとまとまりに捉え、流暢に読むことができるようになり、大人の読字に近づいていきます。

つまり、読字のはじまりは1文字が読めることにあり、その背景には「形を視る力」と「音を捉える力」があります。

「形を視る力」は「あ」がどういう形をしているかということを眼でみてわかること、「音を捉える力」は「あ」の形に「a」という音（読み方）がくっつくことを理解できる力です。

「形を視る力」は眼を、「音を捉える力」は耳をたくさん使っていく中で、成長していきます。

③ 文字は「全身」で学習する

「形を視る力」と「音を捉える力」の育ちのためには、眼と耳がある頭部の運動が安定していること、その背景としては、体幹や四肢の運動や姿勢が安定していることが必要です。

姿勢や運動が育つことで、眼でものを捉えることができ、耳で周りの音を捉えるということができるようになっていきます。

大まかな順番としては、体幹が育つ、頭部が育つ、眼と耳が育っていくという流れです。つまり、文字の読み書きは「全身で学んでいく」ということになります。

身体の育ちについては、他の項目で取り上げていますので、ここでは特に「眼」と「耳」の育ちについてお話ししたいと思います。

（奥津光佳）

名前がかけた！
あれ❔ 線が1本多いぞ❔

見分ける力を育もう！

① どうして「形」が「視える」のか？

　私たちは文字をどうして文字として視ることができるのでしょうか。文字は長さ・形・角度・位置が異なる直線と曲線を組み合わせた形です。

　似たような形である「さ」と「き」を見分けられるのは、線の本数が異なることや、全体の形が微妙に異なることを見分けられるためです。この見分けるという力は、もともと備わっているものではなく、成長の過程で身についていきます。

　柏木の研究によると、4・5・6歳の園児は年齢とともに形を見分ける力が伸びていき、触運動感（手で物を触る感覚）を用いることで、その精度が増していくと述べています。また、北田は物の形状を見分ける時に、脳の中で触る感覚と身体を動かす脳の部分も活動していると述べています。

　つまり、形を分けられるようになるには視るだけでなく、触るということも必要になっ

てくると考えられます。成長の流れに置き換えると、たくさんのものを見て、触っていくことで、積み木などの具体的な物の、直線・曲線・長短・大小・位置関係がわかるようになり、最終的には抽象的な文字という形を眼で捉えられるように成長していくということになります。

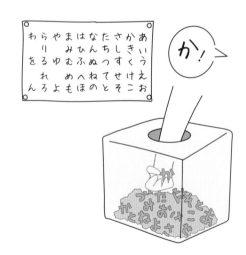

┌─ P O I N T ─
1 いろいろな「視え方」

2 眼は姿勢から

3 形は手から

② 眼の発達

形を捉えられるようになるには、眼の運動の育ちも大切です。読み書きには、以下の4つの眼の力が必要になります。

❶固視：対象をジッと見る力

❷輻輳―開散運動：遠くや近くを見る力

❸追従眼球運動：動くモノを見続ける力

❹衝動性眼球運動：素早く眼を動かし、
　　モノを見る力

まず、生まれてすぐに固視の力が育っていき、3〜4か月で首がすわることで、眼を安定して動かせるようになり、そのあと輻輳―開散運動→追従眼球運動→衝動性眼球運動が育っていきます。眼の運動は一つひとつ完成していくのではなく、年齢とともにそれぞれの運動の精度が増していきます。また、これらは身体の運動の発達とともに育っていくため、低年齢の時ほど、いかに豊かな運動経験を積んでいくかということが大切になります。

③ おすすめのプログラム「文字を作ってみよう」

見本を見ながら、粘土や文字を使って、文字を構成します。形を作る過程を通して、どのような線が組み合わさってできているかがわかりやすくなります。また、手でこねたり、曲げたりすることで、線の長さや配置のバランスを、眼だけでなく、身体の感覚を通して、身につけていくことができます。文字に限らず、粘土やモールで動物など、いろいろな形を作っていくこともおすすめです。

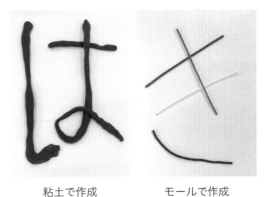

粘土で作成　　　　モールで作成

（奥津光佳）

ひらがなの形は書けるのに、不思議となかなか読めないのは❓

文字の形と読み方を結びつけるのは「音」の育ち！

❶ しりとりが育む、ひらがなの基礎

　私たちが文字を読めるのは「音韻処理」という力が大きく関係しています。音韻処理というのは、「さかな」という音声で聞いた言葉を「SA／KA／NA」という3つの音で構成されていることを分けられる力になります。

　この分けられるということが大切で、言葉は1音の集まりでできているということがわかって初めて、「あ」という形に「a」という音がくっつくのだという文字のルールを理解できるようになります。

　しりとりはこの音韻処理の能力を反映している遊びです。しりとりで遊ぶためには「さかな」という言葉の場合、語頭音が「さ」で語尾音が「な」ということがわかる必要があります。つまりは、単語を一音ずつに聞き分けられる力が育ち、しりとりで遊べるようになるということです。

　この音韻処理が育つのがだいたい5～6歳ごろで、この頃からしりとりを楽しめる子が増えていきます。

音韻処理	/ta/ ⟷ /sa/
語音を弁別できる	「た」と「さ」の音の違いがわかる
1文字ずつの音を意識でき形態を音に変換できる	え ん ぴ つ /e//n//pi//tsu/

❷ 音の発達

音韻処理は大きく分けて、「聞いた単語が何拍なのかわかる」→「語頭音・語尾音が何なのかわかる」→「単語を一音ずつに聞き分けられる」の順に発達していきます。

1音が聞き分けられるようになることで、「さかな」という文字に「SA／KA／NA」という音を結びつけられるようになっていきます。

「聞いた単語が何拍なのかわかる」という力は、4〜5歳ごろから育ち始めます。5〜6歳ごろになると、単語を一音ずつに聞き分けられ、しりとりのような言葉遊びができるようになり、その後の読字につながっていきます。

❸ おすすめのプログラム「ジャンケンゲーム」

ゴールを決め、ジャンケンで勝った方が決まった歩数で進んでいくゲームです。

● グーで勝ったら「グ・リ・コ」で3歩進みます。

● チョキで勝ったら「チ・ヨ・コ・レ・イ・ト」で6歩進みます。

● パーで勝ったら「パ・イ・ナ・ツ・プ・ル」で6歩進みます。

この遊びは、身体の動きを通して、音の数を学ぶことができ、くり返し遊ぶことで音韻処理の成長とつながっていきます。

「グ・リ・コ」

「チ・ヨ・コ・レ・イ・ト」

「パ・イ・ナ・ツ・プ・ル」

（奥津光佳）

ズボラなあなたにこそ届けたい！
私の子育てライフスタイル

POINT
- ● ズボラだからこそ習慣化で楽して結果を得る
- ● はじめの一歩は欲張らないで毎日やる
- ● 1つだけうまくいけばいろいろ試してみたくなる

1 ズボラなあなたにこそ習慣化

カラダが健康に育つことは手段であって、目的ではありません。私自身は自分の子どもには、将来はやりたいことに前のめりになれる人になってほしいと思っています。運動面でも勉強面でも対人面でも、別になんでもいいのです。

でも、それがなんであっても、カラダの健康がそれらをサポートしているのに変わりありません。少しでも持って生まれたポテンシャルを引き出してあげるのが、親の役割と思って子育てをしています。

私はよく周りから几帳面な人と思われているのですが、実は結構ズボラだったりします。

私自身は子どもの頃は毎日ダラダラ過ごしていて、カラダができていなかったため、スポーツはまったくできない、板書もうまくできない、人と過ごすこともなんか苦痛。学校に行くのが嫌だなって毎日思ってました。

だから、自分の子どもには、僕と同じような子ども時代を過ごしてほしくないと思っています。そういった理由もあって、子育ての中でカラダの基礎づくりの習慣化を意識しています。でも、ズボラなのと習慣化って両立が難しいのでは？と思われるでしょう。実はそんなことありません。

なぜかというと、習慣化してしまえば、カラダが勝手にやってくれるようになるから。楽して結果を得たいズボラな人にこそピッタリなのが習慣化なのです。

2　はじめの一歩は欲張らない

　習慣化ははじめの一歩が肝心。それは、「テキトーに毎日やる」ということを心がけること。一生懸命やりすぎるとつらくなってモチベーションの低下も早いような気がします。

　息子が歩き出したばかりのころに、私は太ももの間にボールを挟んでいるところを見せるということを1日に1回はやっていました。そうすると勝手に真似して同じことをやってくれるんですよ。年齢が上がってくると事情は変わってくるかもしれませんが、この時期は狙い目でした。なぜなら、この時期の子どもは親がやっていることを何でも真似してみたくなるものです。

　また、1日1回見せるくらいだったら、ズボラな私でも毎日続けることが簡単でした。面白いもので、毎日やってるとやってるとこ

ろを見せなくても、自分からやってるところを見せてくれるようになるんですよね。1つ習慣化に成功すると、2つめ、3つめと応用ができるようになります。たとえば、お風呂を出るときにあいうべ体操をしてみたり。下駄もいいですね。履いて歩くだけで勝手に足が鍛えられるので、ズボラな私にぴったりです。

3　そして現在に至る

　1歳の頃からカラダづくりを習慣化している息子は今では7歳。今では1日に30個ほどのプログラムを毎日こなしています。毎日決まった時間に歯磨きをするのと同じように、そのタイミングがくるとカラダが勝手にやってくれるので苦ではないようです。

　時間がないときでも、省略しながらテキトーにやっています。2人いる妹たちも真似して一緒にやっている姿がとても微笑ましく思います。そして、毎日元気に楽しく学校に行ってくれていることが何よりもうれしいと思っています。

　さて、次はどんなことをやってみよう？

（野口 翔）

〈引用・参考文献〉

108	山口創著『人は皮膚から癒やされる』草思社，2016
110	1）「令和元年度　通級による指導実施状況調査結果について」文部科学省 HP（https://www.mext.go.jp/content/20200317-mxt_tokubetu01-000005538-02.pdf） 2）林承弘「子どもロコモと運動器検診について」『日整会誌』91:338-344，2017.
112	1）スティーヴン・ガイズ著，田口未和訳『小さな習慣』ダイヤモンド社，2017 2）岩崎一郎『何をやっても続かないのは、脳がダメな自分を記憶しているからだ』クロスメディア・パブリッシング，2014 3）井川典克監修，鹿野昭幸・野口翔・特定非営利活動法人はびりす編著『凸凹子どもがメキメキ伸びるついでプログラム』クリエイツかもがわ，2019
114	1）竹井仁著『正しく理想的な姿勢を取り戻す──姿勢の教科書』ナツメ社，2015 2）Thomas W.Myers，板場英行・石井慎一郎訳『アナトミー・トレイン──徒手運動療法のための筋筋膜経線　第3版［Web 動画付］』医学書院，2016 3）櫻井武著『「こころ」はいかにして生まれるのか──最新脳科学で解き明かす「情動」』講談社，2018 4）井川典克監修，鹿野昭幸・野口翔・特定非営利活動法人はびりす編著『凸凹子どもがメキメキ伸びるついでプログラム』クリエイツかもがわ，2019
116	1）エバレット・ブラウン著，エンゾ早川訳『先祖返りの国へ　日本の身体──文化を読み解く』晶文社，2020 2）柴田英俊著『子供の成長は足で決まる！』運動と医学の出版社，2016
118	1）伊藤笑子「歩いて走って脳も育つ子どもが輝く「足育て」」『クーヨン』7 月号 :12-21, 2020 2）長谷川正哉「歩行における日本の下駄の運動学的効果（The Kinesiological Effect of Japanese Geta Clogs on Gait: A Pilot Study)」『Journal of Physical Therapy Science（0915-5287)』19 巻 1 号, 77-81, 2007
120-125	井川典克監修，高畑脩平・奥津光佳・萩原広道・特定非営利活動法人はびりす編著『みんなでつなぐ読み書き支援プログラム』クリエイツかもがわ，2020

Part 6
思い通りにならない子育て

子育てがうまくいかない
たった一つの原因は？ 〜その1〜

とらえ方がうまくいっていないから！

① 乳幼児健診あるある

保健師 A

親子リトミックにまったく入れなかったですね。落ち着きの面も気になります。発達専門のクリニックで一度相談してみませんか？（療育につなぎたい）

元気すぎるこども

母

もう少し様子を見ます。一度、主人とも相談してみます。（戦力外通告のような気分）

問い①　発達の遅れを取り戻すには？

- 言われたから医療に来ました
- Dr.に診断をつけてもらいました
- こどもの障がいを受け入れないと
- みんなに迷惑をかけたくない
- がんばらないと
- なんだかとっても無力だな

**作業療法士 B**

元気なお子さん！ 今は小さいからはちゃめちゃに見えますが、エネルギッシュで目的意識が高い！苦手そうな「みんなと一緒に」を磨けば鬼に金棒。

元気すぎるこども

母

そんなふうに言われたのは初めてです（涙）。どういう方法で伸ばすことができますか？

問い②　親子の等身大の成長とは？

- 将来このキャラをどう活かす？
- 診断は療育に通うための手段
- 強みを伸ばす英才教育、弱みはゆっくりと減らす
- 得意なことは誇らしげに育てる
- 苦手なことはほんの少しの成長で超うれしい
- お友達のみんなとも協力して

❷ 「問い」の立て方で子育てが変わる

保健師Ａも作業療法士Ｂも「この子には療育が必要だな」と思ったのです。こどもの発達をチェックし、家庭的な背景や生活の状況をみながら今、支援につなげるとよいと判断して、お母さんを医療や療育へつなげようと促したのは同じでした。ところが、お母さんの行動には違いが出ました。違いが生まれたのはなぜでしょうか。それは「問い」の立て方に違いがあったからなのです。

問い①：「どうしたら発達の遅れを取り戻せるか？」（保健師Ａ）

問い②：「どうしたら親子が等身大の成長を誇らしく思えるのか？」（作業療法士Ｂ）

この本を読んでいるみなさんは、二つの問いを比較してどう思いましたか？

お母さんにとって、どちらの問いが幸せな子育てにつながる問いでしょうか。

❸ 「とらえ方」が変わると幸福感がアップする

子育ての「問い」が変わると、人生の「とらえ方」が変わります。

❶からのルート：**こどもの遅れを取り戻すことをがんばり続ける人生。**

❷からのルート：**いろいろあるけれど親子の等身大の成長を味わう人生。**

がんばり続けてこどもの発達の遅れは取り戻せるかもしれないけれど、こどもや親の幸福感はアップするでしょうか。

「とらえ方」が変わると、親子のその後の人生の物語が描き方も変わります。

たった一つの問いが、親子のその後の人生の物語を変えていきます。

「きみ、最高じゃないか！」

こどもの強みにフォーカスしたり、今できていることにフォーカスすることで、日々の暮らしの中での小さな満足感や幸福感が積み重なっていきます。

（山口清明）

子育てがうまくいかない たった一つの原因は❓〜その2〜

とらえ方がうまくいっていないから！

❶ 「とらえ方」は自由

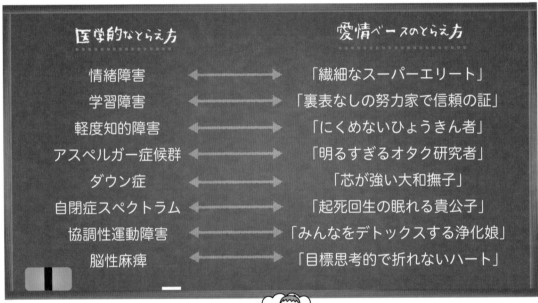

医学的なとらえ方		愛情ベースのとらえ方
情緒障害	⟷	「繊細なスーパーエリート」
学習障害	⟷	「裏表なしの努力家で信頼の証」
軽度知的障害	⟷	「にくめないひょうきん者」
アスペルガー症候群	⟷	「明るすぎるオタク研究者」
ダウン症	⟷	「芯が強い大和撫子」
自閉症スペクトラム	⟷	「起死回生の眠れる貴公子」
協調性運動障害	⟷	「みんなをデトックスする浄化娘」
脳性麻痺	⟷	「目標思考的で折れないハート」

ADHD
薬物療法で抑えろ！

狩猟民族タイプの行動派
どんどん動いて人の役に立て！

② 「とらえ方」の魔法

　3歳の娘の子育てに悩んでいたあるお母さんのお話です。娘さんは毎朝「ほいくえんいかない！」。そしてハンガーストライキ。お母さんの出勤前には「ひとりでおるすばんする！」と宣言。お母さんはほとほと困ってしまいました。そのお母さんは作業療法士です。

　「うちの子は感覚過敏で情緒的にかなり問題があるのではないか」と分析していました。そんな悩みを聞き、作業療法士仲間でとらえなおしを試みました。

「お母さんが大好きすぎて、一緒に遊びたいんじゃないかな？」
「保育園に行くより、ママとたくさんデートしたいんだよね」
「そうだったの？」

　お母さんは諭したり怒ったりするのをやめ、娘さんとたくさんイチャイチャするようにしました。少しずつ行きしぶりも減り、娘の感情的な表現を受けとめる時間は忍耐から癒しに変わりました。

③ 「とらえ方」で豊かに育つ

　「君の性格のこの部分はよくないから、治すべきだよ」

　と会社の上司に指摘されて、すっかり自信をなくしてしまう。それなのに、思いを寄せている人から、

　「君のそういうところが大好きだ！」

　と告白されると、以前に上司から指摘された「短所」があっという間に「大好きなところ」に変わってうれしくなってしまう。そんなことはありませんか。こどもたちも同じです。

　多動なこどもと向き合う時に、「ADHD」とするよりも、「狩猟民族タイプの行動派」ととらえたほうが、どのような人生を描いていけばいいのかが見えてきます。

　こどもの行動を抑制したり、薬を処方したりするよりも、配布物を取りに行ってもらったり、いじめられっ子のお友達を守ったり、多動なエネルギーを活かして人の役に立つことを早期から学べば、未来はリーダーとして開花するでしょう。

（山口清明）

泣くし、怒るし、不器用だし……
育てにくいのはなぜ ？ ～その1～

神様がつくった個性！

❶ 「インプット」と「アウトプット」

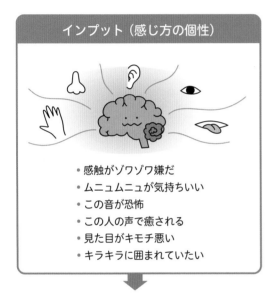

インプット（感じ方の個性）

- 感触がゾワゾワ嫌だ
- ムニュムニュが気持ちいい
- この音が恐怖
- この人の声で癒される
- 見た目がキモチ悪い
- キラキラに囲まれていたい

自律神経

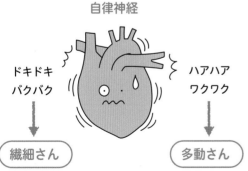

ドキドキ
バクバク

ハアハア
ワクワク

繊細さん

多動さん

アウトプット（表現の個性）

- うまくできない、ケガだらけ
- リズムがバラバラ、オンチ
- 作れない、描けない、すぐ破れる

身体操作

アセアセ
ヤバイ
思い通り動かない

不器用さん

```
┌─ P O I N T ──────────────────────────
1 「インプット」と「アウトプット」
2 繊細なインプットで情緒豊かな人たち
3 どんくさいアウトプットで一途な人たち
```

❷ 繊細で情緒が豊かな人たち

　暴言、暴力、突発的で衝動的な行動。不器用ではないけれど、その時の場面や気分のムラによって、聞き分けがよかったり、よくなかったり。

　激しい情緒の揺れやエネルギッシュすぎる活動性にふりまわされている家族の悩みはつきません。

　こうとらえてみてはどうでしょう。

　気分次第でパフォーマンスは変わるけれど、能力はすでにもっている人たち。**理屈嫌いで、情緒豊かな人情肌。喜怒哀楽の激しい芸術家**と付き合っていくのは大変だけど、とらえ方を変えて情緒豊かにともに暮らしていきましょう。

❸ どんくさくて一途な人たち

　なわとびやとび箱がなかなか上達しない。消しゴムを使うとすぐ紙が破れてしまう。ドテドテドタドタ身体は重く、自分の技をみんなの前で披露するなんて拷問のように感じてしまう。

　うまく書けない、なわとびが跳べないけど、汗びっしょりになりながら何度も練習を繰り返すわが子の姿が、はがゆくてしょうがない。そんな、お悩みをもつお父さんお母さんも多いことでしょう。

　大人だって、車庫入れが下手だったり、カラオケで音程を外しまくる人は少なくありません。どこをとっても完璧で器用な人よりも、**不器用でコツコツと努力を重ねる人**ほど人望が厚かったりしますよね。

（山口清明）

泣くし、怒るし、不器用だし……育てにくいのはなぜ？〜その2〜

神様がつくった個性！

❶「吉」と出るか「凶」と出るか

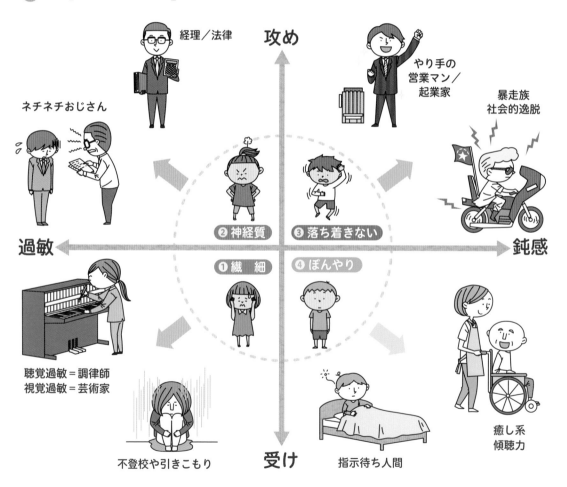

経理／法律

攻め

やり手の営業マン／起業家

暴走族社会的逸脱

ネチネチおじさん

❷ 神経質　　❸ 落ち着きない

過敏　　　　　　　　　　　　鈍感

❶ 繊　細　　❹ ぼんやり

聴覚過敏＝調律師
視覚過敏＝芸術家

不登校や引きこもり

受け

指示待ち人間

癒し系傾聴力

② 過敏 ⇔ 鈍感　攻め ⇔ 受け

　感じ方が、「過敏」なのか、「鈍感」なのかを横軸に、刺激に対しての反応が「攻め」なのか「受け」なのかを縦軸にします。対立する2項目の2軸を、クロスマトリックスで表すと左のような図で、個性を分類することができます。

❶ 過敏 － 受け：繊細タイプ

　感覚被曝体質で、ちょっと怒られただけでへこみやすく、不登校や引きこもりに多い一方で、繊細な目や耳を活かして芸術家やプログラマー等の内向的な作業で特性を開花させる人もいます。

❷ 過敏 － 攻め：神経質タイプ

　他の子のあら探しをしては告げ口することが大好きです。ロッテンマイヤーさんのような厳しいネチネチさんになる人もいれば、ビシッと隙のない経理事務や法律家として活躍する人もいます。

❸ 鈍感 － 攻め：落ち着きないタイプ

　いつも刺激が足りず、刺激を求めて動き回り、静止されるのが大嫌いです。バイクの爆音が心地よく、殴り合うことに快感を感じ、極彩色で癒されます。社会的に逸脱する人もいれば、起業家のように大成する人も多く、特に乱世の時代に輝きます。

❹ 鈍感 － 受け：ぼんやりタイプ

　刺激が脳に伝わりにくく、いつもボーっとしています。他人に言われるがままで聞き分けがよく、義務教育期間中は高評価でしたが、社会に出ると「自分で考えて動けないのか」と叱責され、苦戦している人をよく見かけます。一方、福祉職場などでは重宝され、いつもやさしく傾聴力も高く、周りの人を癒やし続けています。

③ こどもは八百万の神

　こどもたちは八百万の神です。繊細で情緒が豊かで、どんくさくて一途で、暴走したりぼんやりしたり引きこもったり癒したり。

　八百万の神は、「福」と「祟り」が表裏一体。どちらが出るかは、向き合い方で決まります。こどもの個性を豊かにとらえると、未来に福がもたらされます。

（山口清明）

「発達に問題があります」……
この先うちの子はどうなるの？

未来はSTORYで描く！

1 神話の構造

神話の構造
- 状況設定
- あらすじ
- テーマ

ヤマ場　進化　登場人物　成長　困難

　何かの困難にぶつかって、乗り越えて成長する。また新たな困難がやってきて乗り越えて成長する。この単純な繰り返しを神話（STORY）の構造と呼びます。

　ドラゴンボール、ワンピース、スターウォーズから聖書まで、世の中に広く伝わる書物や人気の本はすべて、この神話の構造でできています。主人公は、ドラえもんののび太くんのように不器用でいじめられているという逆境からスタートすることで、読み手の共感を得ることが神話の基本設定となっています。

　そこから、困難を何度も乗り越えるお話は、何話続いても、読み手を飽きさせることはありません。

　こどもを産み、育て、手放していくという営みも、まさに、この神話の構造でできていると思いませんか。

2 こどもの脳はSTORYに反応する

食事場面でお母さんが、「なんで、ニンジンを食べないの！ お野菜食べないと病気になるわよ」と言い聞かせてもまったく興味を示さない子。

「ニンジンさんが、誰かに食べてもらうぞと思って、グングン大きくなって、このお皿の上に立派になってやってきたら、誰も食べてくれないなんて、え〜ん」と言ってみたら、あら不思議。口いっぱいにニンジンを頬ばり始めました。

こどもたちは、神話の世界で生きています。

伝言ゲームは4人ぐらいで情報が変わっていくのに、伝承話は何百年も情報が形を変えずに後世に語り継がれていきます。私たちは物語が大好きです。

こどもの脳はストーリーに反応します。着替えたり、食べたり、お風呂に入ったり、親子でけんかしたり、子育てのすべてをストーリー仕立てにしてみましょう。こどもを外から眺めるのではなく、親子の物語の中で「自分たち」を見つめてみてはいかがでしょう。

3 描くとかなうSTORYの魔法

紙（神）に未来（話）を描くと、現実化すると言われています。右肩上がりのチャートグラフで描くなど、名高い成功の法則も存在します。（参考文献）

絵コンテでも、4コマ漫画でも文章でも構いません。1年後5年後10年後、親子が成長していく喜怒哀楽のドラマを絵や文字にして、毎日目にふれるところに飾っておくと、その通りの未来がやってくるといわれています。

（山口清明）

〈引用・参考文献〉

130	安宅和人著『イシューからはじめよ——知的生産の「シンプルな本質」』英治出版，2010
132	レニー・テイラー編著，山田孝監訳『キールホフナーの人間作業モデル——理論と応用』協同医書出版社，2019
134	アニタ・C.バンディ他編著，土田玲子・小西紀一監訳『感覚統合とその実践　第2版』協同医書出版社，2006
136	Living Sensationally: Understanding Your Senses - Winnie Dunn
138	1）ジョーゼフ・キャンベル著，倉田真木・斎藤静代・関根光宏訳『千の顔をもつ英雄』早川書房，2015 2）神田 昌典著『ストーリー思考——「フューチャーマッピング」で隠れた才能が目覚める』ダイヤモンド社，2014

子育ちプログラム

●

身体調和支援プログラム
体幹強化アプローチ
読み書き基礎プログラム

♪うたにあわせてマッサージ

かたつむり

PROGRAM

楽譜はこちらより
ダウンロードできます

方法・手順

【最初の姿勢】お座りができないお子さんは、写真のように対面抱っこで、お座りでその場にいられるお子さんはお座りで、左右対称な姿勢を意識して始めます。

最初の姿勢
（お座りができない子の場合）

♪❶でんでんむしむし（1回目）
❷かたつむり（2回目）

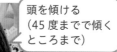

頭を傾ける
（45度までで傾く
ところまで）

❸おまえのあたまは（1回目）
❹どこにある（2回目）

● 首を動かす筋肉が柔軟になります
● 左右、上下、斜め上下方向にも首が自由に動き、眼で物を追えるようになります
● お顔もふっくらして、表情が豊かになります

頭を一度まっすぐに戻してから、マッサージをしていない方の肩にむかせる

❺つのだせやりだせ（1回目）
❻あたまだせ（2回目）

プログラムの解説

　子どもは、生まれたときには首がぐらぐらと安定していない状態です。そこから、日々少しずつ前後左右上下自由に動かして、日々、筋肉運動をします。そして、いろいろなところが見られるようになっていきます。

　首の動きは、首からお顔、首から肩、体幹、腕、脚……と全身を自由に動かして歩くまでの運動発達に関係する大切なものです。まずは、緩んだ筋肉からスタートしましょう。

2 PROGRAM

♪うたにあわせてマッサージ
うさぎとカメ

楽譜はこちらより
ダウンロードできます

方法・手順

【最初の姿勢】上を向いて寝て、からだをまっすぐにします。膝を持って胸につけるようにして上げて、直角まで戻します。

最初の姿勢

太腿の前側を股関節に向かって手をおろします

♪❶もしもしかめよ（1回目）
　❷かめさんよ（2回目）

股関節に向かって
手をおろします

❸せかいのうちで（1回目）
❹おまえほど（2回目）

おしりに向かって
手をおろします

❺あゆみののろい（1回目）
❻ものはない（2回目）

効果

● 太腿周囲の筋肉のバランス、股関節の柔軟性をつくります
● 安定したお座りができて、両手を使った遊びやすくなります
● ハイハイをするとき、膝の中央を使って這えて、歩く時にも、安定して歩けるようになります

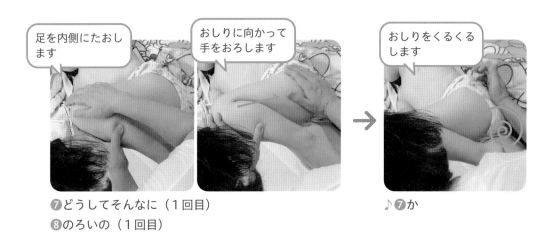

足を内側にたおします

おしりに向かって手をおろします

おしりをくるくるします

❼どうしてそんなに（1回目）
❽のろいの（1回目）

♪❼か

プ ロ グ ラ ム の 解 説

　股関節脱臼の検査が済んでないお子さんは、お子さんが動かせる範囲で優しくなででください。

　生まれてから歩くまで少しずつからだが自由に動けるようになっていくのを発達!!　股関節が柔軟に動くことは、とっても大切です。

　たとえば、うつ伏せになって、頭が上がり、続いて胸まで上がり、徐々におへそくらいまであがるようになります。そこまでの過程で、お腹から股関節、太腿の柔軟性があれば、どんどんからだは弓なりに柔軟に伸びていきます。それは、歩く時にしっかりとからだを前に押し出す力となっていきます。

3 PROGRAM

♪うたにあわせてマッサージ
ひらいた　ひらいた

方法・手順

【最初の姿勢】

向かい合って手のひらが上になるようにします。

最初の姿勢

親指をひらく
ようにします

♪❶ひらいた　　❷ひらいた
❸なんのはなが　　❹ひらいた

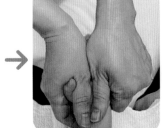

❺れんげのはなが
❼ひらいたと

手のひら全体
をひらきます

❻ひらいた
❽おもったら

利き手でない手で手首
を持って、利き手で手
指手のひらを丸くなる
ように包みこみます

❾いつのまにかつぼんだ

効 果

● 物を握る、手をひらく、肘から手首までの柔軟性をつくります

● 物をにぎる、つまむ、持つなど手の動きを柔軟にし、器用さにつながります

● 握力を高め、手、腕全体の力強さに関係します

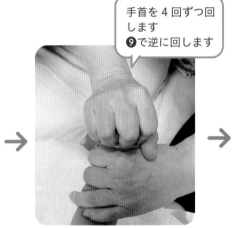

手首を4回ずつ回します
❾で逆に回します

→

⓾つぼんだつぼんだ何の花が
　つぼんだ
⓫れんげのはながつぼんだ

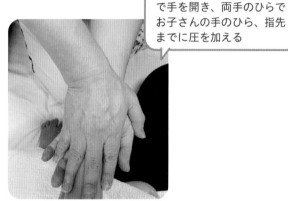

押さえていた手を手のひらの下に持っていき、利き手で手を開き、両手のひらでお子さんの手のひら、指先までに圧を加える

→

⓬つぼんだとおもったら
⓭いつのまにかひらいた

プ ロ グ ラ ム の 解 説

　手指で物をつまんだり、つかんだり、はさんだりするときには、手指だけでなく、手のひらも使っています。手のひらにある骨は、うちわの骨のようになっています。

　手を開く筋肉が柔軟になることで、手を器用に使えるようになっていきます。

♪うたにあわせてマッサージ

はなさかじいさん

PROGRAM 4

楽譜はこちらより
ダウンロードできます

方法・手順

【最初の姿勢】上を向いて寝て、からだをまっすぐにします。頭側に回ります。お座りでできるお子さんは、対面でも後ろ側からでも、お子さんが好む姿勢でしてください。

最初の姿勢

♪❶うらのはたけで

頬を内側から広げるようにして、指を口角から滑らすように入れます。嫌がらないところまで奥に入れて、頬の内側を優しく広げるようにしながら、上下にジグザクして、歌に合わせてて前に移動してきます。1回。

❷ポチが
❸なく

奥から手前に頬を丸くふくらませながら口角まで手前に2回移動します。

❹しょうじきじいさん
逆側の頬の内側をします。
（❶と同じ）

❺ほったれ　❻ば
（❸、❹と同じ）

効 果

- 口の周囲、頬の筋肉が緩み、口腔内が広くなり、舌を動かしやすくなります
- お顔の表情が出やすくなります。
- 食べること、お話（発声）の発達を助けます。また、もっと上手になります

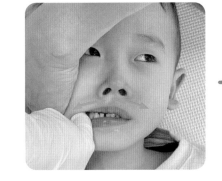

❼おおばん　❽こばんが

上唇の内側を、中央（中央に筋があります。）から分けて、左右を別々にします。1〜2往復ずつ、できる回数を。

❾ザク　❿ザク　⓫ザック　⓬ザク

下唇の内側を、左右の口角から口角まで、歯茎との隙間を広げるようなイメージで左右に2往復か4往復、お子さんに合わせておこなってください。

プログラムの解説

　誕生してすぐに、哺乳をします。母乳ですと、口を大きく開いて、お母さんのおっぱいを唇ではさんで、乳頭を舌でからめ上顎に押しつけて、母乳をおっぱいからしごき出します。手で牛の乳を絞り出すかのような、繊細な動きをします。この時に、唇を密着させる筋肉、舌の筋肉、頬を動かし、顎を動かす筋肉を発達させます。これは、食べること、発音をすることの基礎となる筋肉運動です。

5 PROGRAM

♪うたにあわせてマッサージ
大きな栗の木の下で

楽譜はこちらより
ダウンロードできます

方法・手順

【最初の姿勢】うつぶせに寝て、からだの中心が曲がらないように意識しながら、片側の足を図のように曲げます。

最初の姿勢

子どもをうつぶせに寝かせます。身体の中心が曲がらないように注意して片足を写真のように挙げます。

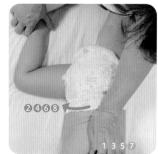

2468のマッサージ

❶大きな　　❷栗の　　　❸木の下　　❹で
❺あな　　　❻たと　　　❼わた　　　❽し

❾なかよく遊びましょう

効 果

●背中、腰、股関節、骨盤回りの筋肉、お腹周りの筋肉、お尻、太腿の筋肉のバランスを整えて、柔軟な股関節の動きを作ります。

●座ったときの姿勢が安定して、周りの変化に対応した動きができます。

●柔軟な動き、最小の筋力で、立ち上がり、安定した歩行ができます。

⑩大きな
⑪栗の
⑫木の下
⑬で

→

〈続いて左〉
大きな栗の木の下でお話しましょう
みんなでわになって
大きな栗の木の下で

プログラムの解説

　ご飯茶碗を持って姿勢を正して食べる、服を着替える、トイレに行っての動作など日常生活の動き、からだをひねって横や後ろ上や下を見る、物をとる、物をもって歩くなどを想像してください。腰や骨盤の安定、からだの軸を感じることと思います。その動きをつくりやすくするものです。

抱っこでぎゅー

PROGRAM

方法・手順

【最初の姿勢】横抱きにします。抱く時には、お子さんの後頭部のやや上気味に腕を持っていき、首の後ろが伸びるようにします。両肩は、肩甲骨から動かして両手が合うようにします。お尻を抱くように意識して、からだ全体を丸く抱きます。

最初の姿勢

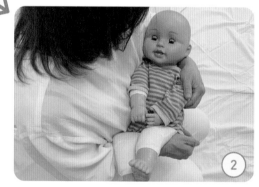

子どものからだがまっすぐになっていることを確認します

●頭部から首、背中、お尻とからだ全体の筋肉を緩めます。また、左右の筋肉バランスも保ちます。
●2か月くらいになると両手両足裏を合わせバランスをとれるようになります。
●5か月くらいになると、うつ伏せで肘をついて、両手で遊べるようになります。

頭部、肩甲骨、骨盤を意識して股関節5か所を丸く中央に寄せるイメージで、3秒かけて抱いている人はゆっくり息を吐きながらぎゅーと丸くします。

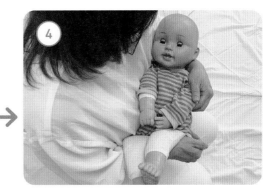

そして、3秒かけてゆっくり息を吸いながら、最初の姿勢に戻します。

プログラムの解説

　お腹の中にいた、丸い姿勢です。左右差のないこの姿勢で全身の力を抜けることで、日々からだを動かして、丸くなったり、伸びたりしながらいろいろな動きができるようになっていきます。抱いている人と目をあわせて、お子さんは心地よく力をぬいていくことでしょう。丸くなる時、息を吐く筋肉に力を入れる練習をし、最初の姿勢にもどる時に使った筋肉をゆるめる練習をします。このことは横隔膜を動かした深い呼吸の練習になります。これは、姿勢、食べる、話すという発達に関係していく大切なことです。

7 かわいい桃尻

PROGRAM

方法・手順　【最初の姿勢】うつ伏せでからだをまっすぐにします。また、足は発達に合わせて伸ばした状態でしてください。

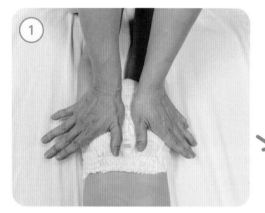

お尻全体を両手のひらで包みこみ、お尻の筋肉だけを左右に動かします。

お尻を太腿側から、ヒップアップさせるようにして、まあるく包みこみ、横八の字（∞）を描くようにして、お尻の筋肉を緩めます。

●お尻の筋肉が柔らかくなり、股関節の柔軟な動きがでます。

効果

●安定したお座りができ、様々な活動が最小の筋力でできるようになります。

●歩行するときに、柔軟な股関節を使って、足を前に出す、後ろにけりだすという、安定した歩行ができます。

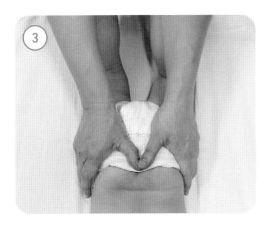

手の平をまあるくして、親指以外の四本の指をお尻の横に置き、親指と人差し指の角度を100度くらいにして、お尻全体を包みこみます。お尻を上に上げるようなイメージで、八の字（∞）を描くようにして、お尻の筋肉を緩めます。

プログラムの解説

　お尻の筋肉が緩み、骨盤から股関節がゆるみ、そこからつながっている、おなかの筋肉、背中の筋肉、脚の筋肉の動きがよくなっていきます。おむつがえのときに、お尻が丸く床から離れます。日々のそのような動きは、5か月くらいになると、自分で足を持って口にいれるという動作につながっていくことでしょう。うつ伏せになったときに、桃のようなまあるい、マシュマロのようなお尻は、股関節、おなかを伸ばし、重力に抗して上体を床から徐々に離れることができるようになります。このような日々の遊びで、歩行につながる筋肉の使い方を学んでいくことでしょう。

胸を広げる

PROGRAM

【最初の姿勢】上を向いてからだをまっすぐにして寝かせます。

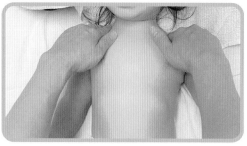

最初の姿勢

両手を開いて、肩に触れるように優しく手を置きます。

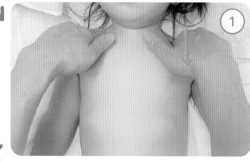

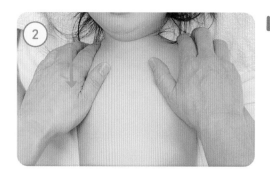

頭が揺れない程度に、優しく小さく肩を左右交互に足下の方向に下げます。この時に、肩を足下に下げたら、戻さないようにしてください。下げる、下げるです。

●首周囲、肩甲骨周囲、胸の筋肉が伸びて、呼吸を楽にします。
●歩きながらいろいろなところを見て楽しめることにつながります。
●食べるための舌の動きを滑らかにし、しゃべる時の繊細な舌の動きにつながっていきます。

↗

③

手は開いたまま、親指の付け根の筋肉をお子さんの肩の内側のくぼんだ所に入れます。横斜め下、胸を開きながら床に肩をつけるイメージで、左右交互にひろげていってください。床につける、つけるという気持ちで、ゆっくりと胸をひろげてください。

プ ロ グ ラ ム の 解 説

　肩が下がり、胸が広がることで、呼吸が楽にできるようになります。深い呼吸ができることで、脳にも酸素がたくさんいきわたることでしょう。首を動かす筋肉の動きがよくなり頭だけを動かしやすくなります。

　また、舌を動かす筋肉にも作用しますので、食べるとき、舌で食べ物の形状（柔らかさの程度）を察知し、かむべき歯に持っていき、かんで次の歯に移動させる。咬む、咬み砕く、奥歯ですりつぶす、まとめて飲み込むの動作がしやすくなります。

9 ふんわり足裏
PROGRAM

方法・手順

【最初の姿勢】可能な限り、立ったときの足裏の位置となるように意識してください。

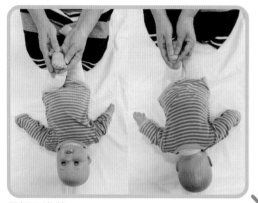

最初の姿勢

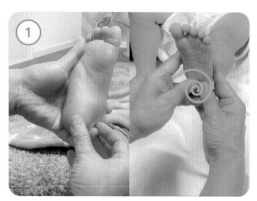

踵全体を少し圧をかけながら、両手でくるくると柔らかくしていきます。

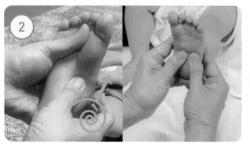

踵が柔らかくなったら、徐々に足指に向かって、全体をくるくると柔らかくしていきます。

効果

●足指を曲げる、足裏の筋肉の柔軟性に作用します。
●立った時の安定したバランス姿勢に関係します。
●柔軟な安定した足裏は、歩行の安定、物を持ち上げるとき、ころびそうに
なった時の踏ん張る力などに関係します。

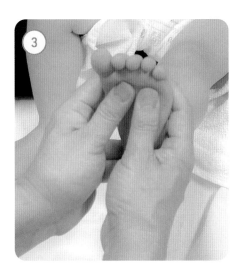

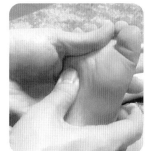

プログラムの解説

　誕生した時から、歩く足をイメージしておこなってください。足裏は全身の筋肉とも繋がっていますので、うつ伏せ、お座り、ハイハイなどのときにも、使っています。いろいろな動きを学習して、歩行の時にはバランスよい歩行ができるとよいです。そして、歩行にとどまらず、スポーツにおいても安定した重心移動、バランスの良い動きができることでしょう。

10 フェイスマッサージ

PROGRAM

方法・手順 【最初の姿勢】寝ていても、起きていても、後ろからでも、前からでも お子さんが安定してでき、かつ、行う方が楽に行える姿勢でしてください。

鼻の穴ギリギリに指を置いて、唇の方向に下げながら、くるくるとやさしく回します。

①から口角側に少し離して、同じようにくるくると回します。

下顎を両手ではさみ、下唇に向かってくるくると優しく回します。

●表情をつくる筋肉、口を開けたり閉めたり、横にひいたり、すぼめたりする筋肉に作用し、動きをよくします。

●表情が豊かになり感情表現がしやすくなります。

●食べることや、話すことをスムーズにしてくれます。

③から口角側に少し離して、同じようにくるくると回します。

小鼻の横に指を置き、その他の指で、頬骨を下側から触れて、上横下という順番で、優しくくるくると回します。

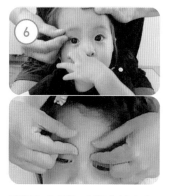

眉頭から優しく眉をはさみ、少しずつ挟みながらずらしていきます。

プログラムの解説

　胎児のときに、指吸が始まり、誕生してから哺乳の練習をしています。哺乳するときに、舌、頬、口周囲の筋肉を動かして、食べる準備をしていきます。口唇が閉じることで、舌をつかって食べ物を取り込みます。飲みこむときに、口唇を横にひいて、しっかりと閉じる動作が重要になってきます。このことはシャボン玉を吹いたり、楽器を吹いたりなどの呼吸のコントロールにも、大きく作用します。

　また、笑った顔、怒った顔、困った顔、考えているときの顔などいろいろな表情ができることで、コミュニケーションがとりやすくなります。

1 あいうべ体操 \大人や妊婦さんにも/ オススメ!!

PROGRAM

方法・手順 声は小さくても大丈夫です。慣れてきたら首の後ろをしっかりと伸ばし顎を引いた姿勢で行うとより高い効果が得られます。

① 「あー」と言いながら口を大きく開く

② 「いー」と言いながら口を横に広げる

③ 「うー」と言いながら口をすぼめる

④ 「べー」と言いながら舌を下に突き出す

● **顔や舌の筋肉がしっかりと使えるようになります**
● **ハキハキとお話しすることができるようになります**
● **表情豊かに穏やかな気持ちで過ごしやすくなります**

プ ロ グ ラ ム の 解 説

　私たちが生まれてから死ぬまでの間に行い続ける一番大事なカラダの機能は何かわかりますか？　それは呼吸です。呼吸がしっかりと深くできていると全身の筋肉や脳に酸素が行き渡り、落ち着いて物事に取り組むことができますが、反対に呼吸が浅くなると、苦しくなって焦ってしまったり、動きたくなくなったりしてしまうのが想像できますよね。

　呼吸を効率よく行うためには腹式呼吸と呼ばれるお腹の筋肉を使った呼吸が特に大事でそのためには鼻から息を吸える必要があります。そして意外に思われるかもしれませんが、舌の筋肉を鍛えると口がしっかり閉じて腹式呼吸が行いやすくなります。

　お口がポカンと空いてしまっていたり、顔の筋肉に張りがないお子さんは、腹式呼吸が上手にできていない可能性が高いので、ぜひ取り組んでみてください。

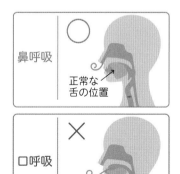

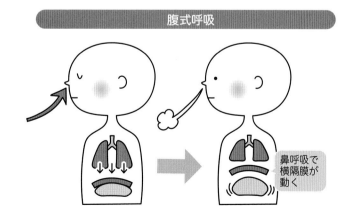

腹式呼吸

鼻呼吸で
横隔膜が
動く

2 あしゆびグーパー

PROGRAM

\大人や／
妊婦さんにも
オススメ!!

方法・手順

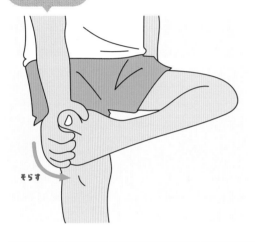

そらす

レベル1

①足指のつけねあたりを反対側の手で掴みます

②足指をしっかりと曲げ伸ばしします

なるべくゆっくりと行いましょう

※妊婦さんはお腹が大きくなったら、パートナーとともにやってみましょう！

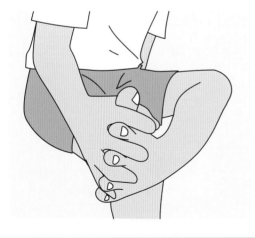

レベル2

①足指の間に反対側の手の指をはさみ、足指を広げます

②足指をしっかりと曲げ伸ばしします

なるべくゆっくりと行いましょう

※妊婦さんはお腹が大きくなったら、パートナーとともにやってみましょう！

効果

● カラダの土台となる足指が強くなり姿勢が安定します
● 踏ん張りが効くカラダになり、強い力が発揮できるようになります
● 血流が良くなり脳がシャキッとして、行動力や集中力を高めます

プログラムの解説

　私たちが地面に立っているとき、地面と接しているのは足の裏だけですよね。この足の裏ですが、実はカラダ全体の面積のなんと2%しかありません。そして、このたった2%の面積を使って上手にカラダ全体を支えていられるのは、足の裏にはたくさんの感覚のセンサーが含まれているからなのです。

　子どもに限らず大人や高齢者にも言えることですが、バランスの悪さだけでなく、肩こりや腰痛といったカラダの不調を持っている方の多くは、足の裏全体を上手に使って立つことができていない可能性が高いです。それには、足の親指が外側に曲がってしまう外反母趾や、小指側の指が浮き上がってしまう浮き指などの足指の問題が、足裏全体の使いにくさに影響していることが多いです。

　ぜひ、家族で一緒に取り組んでみて健康に立つことができるカラダづくりを目指してみましょう！

足裏は姿勢の土台！

3 ネコとウシのポーズ

PROGRAM

大人や
妊婦さんにも
オススメ!!

方法・手順

レベル 1

ネコのポーズ：四つ這いになり、
カラダを丸めていきます
ウシのポーズ：四つ這いになり、
カラダを反らしていきます
2つのポーズを交互に行います

レベル 2

息を吐きながらネコのポーズに
なり、息を吸いながらウシの
ポーズになります

レベル 3

腰の方から順番に動かしていき、
最後に頭が動くようにします

にゃー　　　ネコのポーズ

も〜　　　ウシのポーズ

※体操中は息を止めないように！気持ちいいくらいのじわじわした動きで行いましょう（特に妊
婦さんの場合）。

効 果

● 背骨が柔軟（前後方向）になり、自律神経が整います
● 行動力と落ち着きのバランスの取れた生活ができるようになります
● 姿勢が良くなり、手足が使いやすくなります

プログラムの解説

　普段意識することはないけれど、実はとても大事なカラダの部位、それは背骨。背骨をよく動かしていくと良い理由はいくつもありますが、ここでは自律神経との関係について解説します。

　自律神経は交感神経と副交感神経の2種類の神経のことです。交感神経は活動的な状況のときに、副交感神経はリラックスした状況のときに主に働きます。この自律神経の働きが悪いと興奮しすぎてしまったり、やる気が起きにくくなってしまったりします。

　脳から出た自律神経は背骨と一緒に骨盤の方まで枝を伸ばしているため、背骨の動きが悪くなると、その動きの悪い部位の自律神経も一緒に不調をきたしてしまいます。反対に、ネコとウシのポーズで首から腰にかけての背骨をしっかりと動かしていくことで、自律神経を活性化し、状況に応じたカラダのコンディションが自然に作られるようになっていきます。

　動物のイメージで子どもにもわかりやすいので楽しみながらできるといいですね。

交感神経は "闘争と逃走"の神経		副交感神経は "癒やしとメンテナンス"の神経
・激しい運動中　・興奮や緊張時 ・恐怖や危機を感じているとき ・イライラしているとき		・睡眠中、休憩時　・食事中、食後 ・安心感、達成感を感じるとき ・リラックスしているとき

4 ゆっくり寝返り

PROGRAM

大人や
産後のお母さんにも
オススメ‼

方法・手順　丸太のように転がってしまいやすい場合は、カラダの一部を押さえてあげながら、ねじりを誘導してあげましょう

- 仰向けに寝転がり、ゆっくりと寝返りをします
- このとき、頭から足先にかけてじっくりと背骨のねじれを感じながら行うように行いましょう
- できるだけゆっくりと寝返ったほうが効果的です

効果

● 背骨が柔軟（ねじり方向）になり自律神経が整います
● しなやかな姿勢で、バランス良く動けるようになります
● カラダ全体のイメージをつかんで、柔軟に行動できるようになります

プログラムの解説

　なんでゆっくり動いたほうがいいの？　このプログラムをご覧になったとき、まずはじめに疑問に思われたのではないかと思います。実は、私たちのカラダの中にあるさまざまな感覚センサーは、情報が少ないほど感度が上がって感じやすくなるようにできています。

　たとえば、重さの感覚。1グラムと2グラムの違いはわかりやすいですが、100グラムと101グラムの違いはわかりにくいですよね。速度では、時速1kmと時速2kmの違いはわかりやすいですが、時速100kmと101kmの違いはわかりにくいですよね。味覚や色覚なども同じような性質があります。

　そして、筋肉には強い力を発揮するアウターマッスルと、動きや姿勢の微調整をするインナーマッスルというものがあり、背骨にはたくさんのインナーマッスルがくっついています。ゆっくり動きながら寝返りをすることで、背骨についているインナーマッスルの感度が上がり、全身の動きの調整が行いやすくなります。

　年齢が低い子どもほど早く動きがちですが、ゆっくり動く心地良さも知っておくと、静と動の使い分けができる柔軟な人に育っていけるかもしれません。

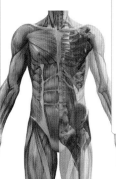

アウターマッスル

カラダの表層に位置する筋肉群。言い換えると外から触れられる筋肉で、鍛えるとボディラインにも影響が出ます。運動を行う際に、大きな力を発揮します。

インナーマッスル

カラダの深層に位置する筋肉群。姿勢のバランスを調整したり、身体の安定をサポートするなど、ブレないカラダづくりのために大きな役割を担っています。

5 金魚運動
PROGRAM

\大人や
産後のお母さんにも
オススメ!!/

> **方法・手順**
>
> 最初は大人が足を持って手助けしながら行いましょう。少しずつ自分で
> できるようにしていきます。

仰向けに寝てリラックスします。
- カラダ全体を金魚のように左右にゆらゆらとリズ
ミカルに揺らします

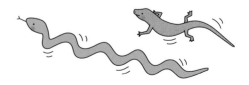

効果

● 背骨が柔軟（左右方向）になり自律神経が整います
● 左右の手足を効率良く使い分けられるようになります
● 動きの組み立てがスムーズにできるようになります

プログラムの解説

　私たちのカラダには首から腰にかけて24個とたくさんの背骨があります。カラダを丸めたり、反らしたり、横に傾けたり、ねじったり、いろいろな動きを活動に応じて背骨は動きのサポートを行なっています。そして、24個の背骨が柔軟に動くことで、動作や活動をより効率よく行うことができています。

　試しにこの金魚運動を行ってみると、普段デスクワークの多い方だと首や背中の辺りの背骨が非常に硬くなっていることに気がつくかもしれません。昔に比べて座って活動する時間の増えている子どもたちも同じように背骨が硬くなっている可能性が高いです。

　また、特にこの金魚運動は、左右の動きを柔軟に切り替えていくことに役立つので、左右の手足を巧みに使い分けるような、順序のある動作を上達させる効果があります。

　見た目は楽そうに見えて意外と難しい金魚運動。ぜひ親子でトライしてみてください。

左足に体重を移して
右手を上に伸ばして
右足に体重を移して
左手を上に伸ばして
……

PROGRAM 6　ゆりかご腹筋

\大人や
産後のお母さんにも
オススメ!!/

方法・手順

はじめは背もたれを使ったり、後ろから支えながら狭い範囲で行うと簡単に行えます。

座って足を持ちます

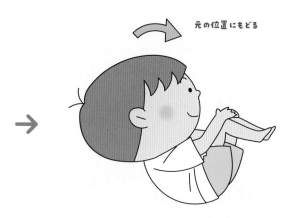

元の位置にもどる

レベルアップ　• 足を深く曲げるほどに難しくなります。持つ位置を太ももの裏→膝下→足裏と変えることで難しさがアップします。

● 首や体幹が強くなり姿勢が安定します
● 疲れにくく力強いカラダになります
● じっくり物事に取り組む集中力につながります

プ ロ グ ラ ム の 解 説

　腹筋というとスポーツ選手などが6パックに割れているお腹の筋肉を思い浮かべると思います。実はこのゆりかご腹筋は、その腹筋にはあまり効果がありません。なぜかというと、最初からカラダを曲げた状態で行うこの運動は、腹筋をわざと使わせないようにしているためです。ではなんの効果があるの？

　それは、実は首の深いところにある筋肉を鍛える効果があります。首は重たい頭を支えている部位にあたるわけですが、この頭には見たり聞いたり、食べたり嗅いだりといった、生きていく上で大事な機能がたくさん詰まっています。

　首を鍛えておくとそれらの頭部にある機能が働きやすくなり、広い視野で見たり、音を聞き分けたり、食べ物の匂いをしっかり嗅いでよく噛んで味わったりと、さまざまな恩恵を受けることができます。

首がしっかりできていないと…

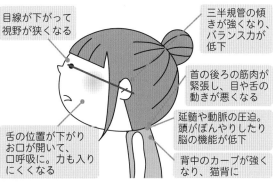

目線が下がって視野が狭くなる

三半規管の傾きが強くなり、バランス力が低下

首の後ろの筋肉が緊張し、目や舌の動きが悪くなる

舌の位置が下がりお口が開いて、口呼吸に。力も入りにくくなる

延髄や動脈の圧迫。頭がぼんやりしたり脳の機能が低下

背中のカーブが強くなり、猫背に

7 お股でぎゅー

PROGRAM

\大人や　産後のお母さんにも／
オススメ!!

方法・手順　軽くて挟みやすいものから徐々に重くて挟みづらいものに変えていくといいでしょう

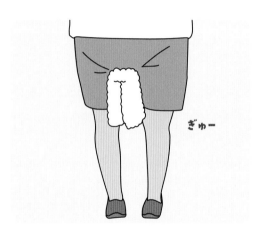

ぎゅー

- 厚さが 5 ～ 6cm くらいになるようにブロックや本などを用意します。フェイスタオルを丸めた物でも大丈夫です。
- 両足が平行になるように肩幅程度に開きます。足の付け根に近い部分で、用意したブロック（本）を強くはさみキープします。

レベルアップ

- その状態で歩いてみたりジャンプしてみたりするのも効果的です

ジャンプ　　　歩く

効　果

● お腹周りが引き締まり姿勢を保ちやすくなります
● バランスや持久力を必要とする運動が行いやすくなります
● じっくり物事に取り組む集中力につながります

プログラムの解説

　今流行りの体幹トレーニングって結構難しいし、きついってイメージありますよね。それが簡単にできて、しかも1歳からできるとしたらどうですか？　やってみたくなりますよね。実はこのお股でギューは、体幹をとっても簡単に鍛えられるおすすめのプログラムです。

　体幹を鍛えると、良い姿勢を楽に長時間維持したり、運動を効率よく実行したり、集中力を発揮したりすることに役立ちます。また、おしっこやウンチが漏れてこないように締めておくための筋肉も一緒に鍛えられるので、排泄のコントロールも上手にできるようになることが期待できます。

　出産後のお母さんも骨盤周りの筋肉が緩みやすいので、このプログラム（骨盤底筋体操）を行うといいでしょう。お腹引き締め効果も期待できます。子どもが立って歩くようになったら、ぜひ子どもが見ている前で、股にボールやブロックなどをはさんでやってみるといいですよ。

　何でも真似してみたくなるうちに習慣化を狙っておくと、歯磨きをするのと同じように毎日体幹トレーニングができちゃいます！

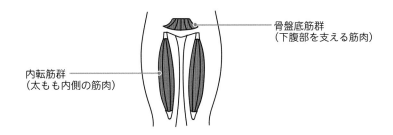

骨盤底筋群
（下腹部を支える筋肉）

内転筋群
（太もも内側の筋肉）

PROGRAM

あくびストレッチ

\大人や
妊婦さんにも
オススメ!!/

方法・手順

基本姿勢は、手を頭の上で組み手のひらを上に向けます。

あくびをしながら上に手を伸ばします。

あくびをしながらカラダを横に倒していきます。左右とも行います。

レベルアップ　・あくびをしながらカラダをねじっていきます。左右とも行います。

※妊婦さんはねじるポーズは要注意。助産師さんと相談してみましょう。

効果

● お腹の深いところまで筋肉をしっかりストレッチできます
● 空気を深く入れ替えることで、頭がスッキリし集中力が高まります
● 顔やお腹周りの筋肉の緊張が取れ、穏やかな気持ちになります

プログラムの解説

　実は、このプログラムは現時点で筆者の一番おすすめのプログラムです。子育てで疲れて心身がオーバーヒート気味のお母さんたちにあくびストレッチを行ってもらうと、目から涙が自然と流れ出て緩んだ表情に。姿勢もフワッとリラックスした雰囲気になります。あくびをすると息がしっかりと吐き出されるので、息を吸うための筋肉である横隔膜が根っこのほうまでストレッチされます。

　また、顎が大きく開かれ顔全体の筋肉の緊張が緩みますよね。これらによって、自律神経の中でもリラックスに関係する副交感神経が働きやすくなります。頭もスッキリするので、勉強や考え事など頭を使う作業をするときに、このプログラムを行っておくと良いでしょう。

　あくびは自然に人から人へとうつる特徴がありますが、実は親密な人同士ほどあくびがうつりやすいということがわかってきています。ということは、仲良くなりたい人同士で一緒にあくびを行うと、より親密になれるかもしれないですね。グループで一緒にやってみてもいいと思います。

「ハイパワーポーズ」
胸を大きく広げるような力強さを感じるようなポーズはハイパワーポーズとも呼ばれます。
ハイパワーポーズをとることでも、気分や行動にポジティブな変化を起こすことが研究で明らかになっています。
あくびストレッチのバリエーションの一つとして取り入れてみるのもおすすめです。

ゆびあわせ

PROGRAM

方法・手順

手を横に大きく広げ、親指をたてます

親指の指先同士が体の正面で合うように
ゆっくりと合わせていきます。

レベルアップ
- それができたら、人差し指・中指・薬指・小指を順番にゆっくりと合わせていきます。
- 横に広げる手の角度を変えるのもいいです。

● 一つのモノを見続ける眼の力が育ちます
● 絵本の読み聞かせなどに集中する力につながります
● 相手のお話をよく聞けることにつながります

プ ロ グ ラ ム の 解 説

　ゆびあわせは眼球運動の基礎である「固視（一つのものをジッと見続ける力）」を育んでいくことにつながります。固視は眼球運動でも一番はじめに発達していく運動であり、ここから衝動性眼球運動（瞬間的に動くものを捉える力）や追従眼球運動（動くものを眼で捉え続ける力）へとつながっていきます。つまり、固視が成長していくことは、その後の健やかな眼球運動の発達へとつながっていくと言えます。

　眼の構造上、指を合わせる位置は、眼の高さよりも少し下の位置で行うと、眼が寄りやすくなるため簡単です。はじめは早いスピードから、慣れにしたがって段々とゆっくりな動きにしていくことで、難易度をあげていくことができます。

ミニコラム　「吹き戻し」

　眼の動きを育てていくには昔ながらのおもちゃで遊ぶこともとても効果的です。

　息を吸うときは両眼が寄りやすく（輻輳）、吐くときは離れやすく（開散）なります。

　吹き戻しは息を吸うときは手元に戻り、吐く（吹く）と先端が離れていくため、呼吸に連動して輻輳ー開散運動が起こりやすくなります。

　また、口に吹き戻しをくわえると、身体の軸を捉えやすくなるので、姿勢のバランスも育むことができます。

2 あっちこっちタッチ

PROGRAM

方法・手順

- 大人と子どもが向かい合わせで立ちます。
- 大人は子どもが手の届く距離に素早く手を出します。
- 子どもは素早く大人の手にタッチします。
- 左右・上下・斜めに大人は手を出し、子どもは素早くタッチするを繰り返していきます。

効 果
- ● 動くものを瞬発的に眼で捉える力が育ちます
- ● 絵本などの文章が読みやすくなります
- ● 板書を素早く正確にできることにつながります

プログラムの解説

　このプログラムで育まれるのは、「衝動性眼球運動（瞬間的に動くものを捉える力）」です。衝動性眼球運動は文章を読む時に活用される眼の動きで、音読の時に文末から文頭にうつるときや一文を読んでいる時に言葉から言葉へうつる時に使われています。この衝動性眼球運動のコントロールがうまくいかないと、文や言葉を読み飛ばしてしまい、読みづらさにつながることもあります。しっかりとコントロールできるようになることで、素早く文字が読める、内容がわかりやすくなるなど、文字を読むことへの楽しさへとつながっていきます。

　このプログラムは、まずは大きく行うところから、段々と範囲を小さく、たっちするスピードをあげることで速さと正確さが必要になり、より読み書きにつながる眼の動きを育むことができます。また、ゲームセンターにあるエアホッケーでも同じ効果があり、かつ楽しく繰り返して行うことができるのでおすすめです。

ミニコラム 「エアホッケー」

　衝動性眼球運動を育てる遊びとして「エアホッケー」はとてもオススメです。

　エアホッケーは点数が入るまで早いスピードで動くホッケーを目でとらえながら繰り返し打ち返し続けるため、衝動性眼球運動の要素を多く含んだ活動です。

　難易度も低く、ゲーム性が高いため、大人も子どもも楽しむことができます。時折、家族みんなで勝負をしても面白いかもしれません。

3 りずむことば

PROGRAM

方法・手順

- 「50音」は拍手、「っ」は拳（「グー」）で表現します。
- まずは大人が見本を見せてから、子どもに真似をしてもらいます。

● **聞いた言葉の拍がわかるようになります**
● **読字の習得につながります**
● **書字の習得につながります**

プログラムの解説

　音韻処理は、さかなという言葉が「sa・ka・na」という三つの音から構成されることが理解できる段階になり、読字の習得へとつながっていきます。この段階に至る前には、聞いた言葉が何拍なのかを理解できる段階があります。りずむことばは、手遊びを用いて、拍の理解を育んでいくことができます。

　この遊びは、目には見えない音に手の形（視覚情報）や手の動き（固有受容覚）を加えることで、単語に含まれる音の構成を意識しやすくなります。特に「っ」は、耳からでは認識づらい音であるため、手の動きを入れることで、理解を促していくことができます。しりとりなどの他の言葉遊びと組み合わせると、より繰り返し楽しみながら遊んでいくことができます。

ミニコラム　「あいうえおボード」

　個々の文字を読めるようになるためには、①文字の形がわかること、②文字の形に対応する音がわかることの2点が大切です。

　あいうえおボードは、ボタンを1回押すという動作を含むので、運動の感覚を伴いながら文字の形と音を一致させていくことにつながります。

　音を用いたいろいろな遊びを経験することで、形と音のつながりは育ちやすくなっていきます。

4 じゃんけんゲーム

PROGRAM

方法・手順

あそこにある
木がゴール

- ゴールを決めます。
- じゃんけんをします。
- グーで勝ったら3歩
- チョキで勝ったら6歩
- パーで勝ったら6歩進んでいきます。
- じゃんけんを繰り返して、先にゴールした人の勝ちです。

グーで勝ったら
「グ・リ・コ」
で3歩

チョキで勝ったら
「チ・ヨ・コ・レ・イ・ト」
で6歩

パーで勝ったら
「パ・イ・ナ・ツ・プ・ル」
で6歩

効 果

● 聞いた言葉の拍がわかるようになります
● 読字の習得につながります
● 書字の習得につながります

プログラムの解説

　じゃんけんゲームは歩数（身体感覚とリズム）を通して、一音を意識することで、音韻処理の中でも聞いた言葉を拍にわける力を育んでいくことができます。

　ダイナミックな活動で、競走としても楽しめ、繰り返し行いやすいこともおすすめポイントの一つです。家族やその他集団で行うときは、一人がじゃんけん役になり、その人に勝った人が進んでいくというルールにすると遊びやすくなります。

　音韻処理は音を用いた遊びの中で成長していくと述べている研究もあり、たくさんの言葉や音で遊んでいくことは、その後の文字の読み書きにもつながっていくと言えます。

ミニコラム 「じゃんけんげーむ　応用編」

　1体1でじゃんけんげーむで遊ぶことも楽しいですが、時には集団でやってみても面白いです。特に集団では、他の子が歩数を進めていく様子を見ることができるので、より音と歩数（拍）のつながりがわかりやすくなります。遊びに慣れてきたら、手ではなく足でじゃんけんすることで、遊びに変化を出すこ

とができ、より繰り返し楽しめるようになります。

5 しりとり

PROGRAM

方法・手順

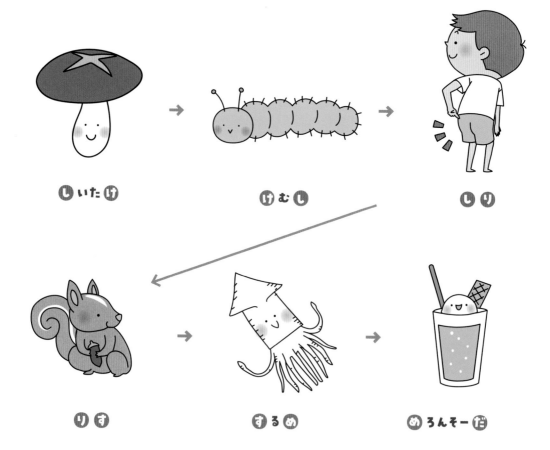

効果
● 言葉の音へ気づく力につながります
● 文字の形に一つの読み方（音）がつながることがわかるようになります
● 文字の読み書きの習得につながります

プ ロ グ ラ ム の 解 説

　誰もが何気なく遊んでいるしりとりですが、この遊びの中にはひらがなの読み書きの習得につながる大切な要素が含まれています。特に、この遊びは音韻処理の中でも、語頭音／語尾音を意識することにつながります。しりとりに必要な音韻意識は4歳後半ごろから育ち始めます。

　「しいたけ」という単語を聞いた時に「si / i / ta / ke」と4つの音に分解でき、さらに語頭音の「si」と語尾音の「ke」に注目できるようになると、しりとりが成立します。しりとりができると、読み書きに必要な音韻処理は獲得されていると考えられているので、音韻処理の発達の程度を見積もる目的でも使える遊びです。

ミニコラム 「カルタ」

　カルタは音韻処理の中でも、語頭音を意識することにつながります。カルタの文章を読みあげるだけでなく、「あり」の「あ」は？と語頭音への注目を促すように声をかけるとよりよいでしょう。

　最初は少ない枚数から始めて、だんだんと枚数を増やしていくと難易度を調整できます。

　また、お子さんの興味にあったカルタを選ぶこともポイントです。

大切な乳幼児期だからこそ『こだわる』 発達にあわせて選ぶ食具と食器 !!

- 口を閉じる機能をつくるスプーン
- 舌先 1/3 がつくる一口量
- 茶碗を持って食べるから姿勢はよくなる

1 見ることと手の機能発達を育てるなめなめ期

生後3か月くらいになると、自分のからだの真ん中で両手、両足を合わせて遊ぶようになります。自分の手をじっと見て、口に入れ、両手をいろんなふうにあわせて手の確認をするように、真剣なまなざしで見て遊びます。

その後、物を手でつかんで口に持っていき、口唇や舌、口腔内にふれる感覚、舌を動かしてなめて、硬さ、柔らかさ、形、表面の質感、味、臭いなどの感覚を学習していくなか、母乳やミルク以外のものを受け入れられる口をつくっていきます。それは、同時に手で口まで持っていく運動機能の学習ともなります。そばにあるものは何でも口に持っていく大切ななめなめ期です。

2 口の機能発達と 呼吸のコントロールを育てる

(離乳食開始時期)

少し体をねじることができ（上体と下体が別々に動く）、支えすわりも上手になったころ、母乳やミルク以外の食べ物を受け入れる口腔ができているかを確認して始めましょう。

シリコンスプーン　　　　介助用スプーン

スプーンの先1/3に食材をのせて、下唇にのせると口を開けますので、上唇で取り込みを待って、スプーンのカーブに合わせてゆっくりと抜きます。このスプーンは、スプーンのカーブ（食事を乗せるカーブ）が少ないため、

舌にスプーンが付くことがないので、舌の先に食材が乗ります。舌の先に一口量のホールができ、後ろに送るという舌の動きもつくりやすいものです。

〔自分で食べる〕

8か月頃になると、親指が他の4本の指と対向して使えるようになります。指を使った手づかみ食べや遊びをしているうちに、つまみの三指（親指と人差し指、中指）も上手にコントロールできるようになります。

Jスプーンとグリップ
丸グリップ（写真左）
平グリップ（写真右）

手指で口に運ぶことができるようになると、今度は、食具を使って、手をどの角度で、またどのくらい手前で止めると口にスプーンが入るという学習が始まります。上手持ちの時には丸グリップを使うと持ちやすくなります。

最初は、Jスプーン1/3に食材をすくったものを、ユニバーサル皿に置き、それを持ち、食べる練習から始めます。（写真1）

グリップは、つまみの指（親指、人差し指、中指）と握りの指（薬指、小指）の発達に関係します。

次に、皿の端に手を添えて、内側のカーブにあててすくう練習をします。肩甲骨も安定してきて、肘

ユニバーサル皿

関節のコントロール性を学習するようになると、下手持ちに変わります。そうしたら、平グリップに変えてください。お皿のカーブにあてずにすくう練習が始まります。（写真2）

写真1　　　　　　　　　写真2

8か月頃になると、呼吸のコントロールもできてきて、吸うということができるようになってきます。その時に、このコップで口をすぼめて、舌の先にホールをつくり、水分の一口量の学習をしていきます。

ウの口を育てるコップ（クッス Kuss）

Kussは、自然にうの口になるコップです。その時、舌先1/3はホールになります。最初は、介助者が上唇が水についたのを確認して、一口量で止めて飲む練習をします。自分で飲めるようになったら、両手を使って、体の真ん中で飲みます。

2歳頃になると、手首を柔軟に動かして、クレヨンなどで、紙にぐちゃぐちゃ線を描いて遊ぶようになります。肩甲骨、肘のコントロール性も上がり、

ゆうスプーン（2歳頃から）

平グリップ付きのJスプーンでも、手首を使った動きがみられるようになります。そうしたら、ゆうスプーンを使って、今度はつまみの指と握りの指の使い方の学習となります。

3　からだの中央で食べるから、姿勢よく食べられる

和食は、片方の手でお箸を持ち、もう一方の手でご飯茶碗をもって、おかずをつまんで食べます。洋食は、ナイフとフォークを両手で使って食べます。スープは片手でお皿を押さえて、スプーンですくって飲みます。

両手を別々に動かせるまで発達したら、おかずを取っていても、ご飯茶碗が傾くことなく食べられるようになります。

〔 両手を使って食べる 〕

お子さんの手に合わせた大きさで持ちやすく、手のひらと、手指を柔軟に使う練習ができるお茶碗です。陶器で重みがあり、持っている感覚がわかりやすいものです。陶器は割れるということで、お子さんは丁寧に扱うようです。

ご飯茶碗（エッセ Eseen）

水分を入れて飲むカップ兼汁碗です。みそ汁などは、最初は具を出して汁だけで使ってください。両手の平から指を使って、下から包みこむようにして使います。手の発達、特

包み込むタイプのカップ兼汁碗（ズッペ Zuppe）

に握りの指（薬指・小指）の発達を促します。

　上から力を入れずにさせて、抜けにくいスプーンですから、ゆうスプーンと同様、つまみの指と握りの指の使い方の学習となります。唇で取り込み、口唇を閉じて、一口量がわかってきたときに、ゆうスプーンと一緒に使います。果物などさすことが必要な食べ物の時に使います。

幼児用フォーク
（ライトチャイルドフォーク）

【 お箸、使ってみたら使えた!!の笑顔が見たい 】

はじめてのお箸「八角くんとなじみちゃん」

　赤い箸（固定箸）を食材にあてておき、青い箸（可動箸）を動かしてきて、はさむ、切る、分けると使います。この時、青い箸は、少し回転をさせて使います。

　このお箸は「輪島塗り箸職人手ばしや代表小山雅樹氏」「株式会社青芳 Willassist」「（株）ゆう地域支援事業團」の共同開発商品です。

　お箸を使える頃には、可動箸を動かすつまみの三指（親指、人差し指、中指）が自由に動かせるよう

ライトチャイルド
スプーン

になります。そうしたら、ライトチャイルドスプーンを使ってください。スプーンの柄の部分を固定して、指だけでスプーンを操作できるので、さらに手の器用さはアップしていきます。

【 生活の中で自然に育てる機能 】

　手の機能発達は運動発達の一部です。食具、食器は、口の発達、認知力、姿勢保持、からだ全体の発達を補助するとても大切なものです。お子さんの発達に合わせて、選んでください。お子さんの『使ったら使えた!!』そんな笑顔が見たいです。ここで紹介しました食具や食器は、デザートの時、小鉢、ドレッシングなどで一生使ってほしい商品です。

＊ここで紹介した食具・食器のお問い合わせは（株）ゆう地域支援事業團に連絡ください。
TEL：027-212-3987　E-mail：you@machimura.biz

〈引用・参考文献〉

| 142〜161 | 1）町村純子監修『子どもの成長と発達を支援するベビーマッサージ──身体調和体操にトライ』東京法規出版，2007 |
| | 2）町村純子編著『まちむら式身体調和支援──歌に合わせてマッサージ』ゆう地域支援事業團 JUNBOOKS，2011 |

162〜177	1）井川典克監修、鹿野昭幸・野口翔・特定非営利活動法人 はびりす編著『凸凹子どもがメキメキ伸びるついでプログラム』クリエイツかもがわ，2019年
	2）今井一彰著『正しく「鼻呼吸」すれば病気にならない』河出書房新社，2012年
	3）中村尚人・新倉直樹著『体感して学ぶ【ヨガの生理学】体のしくみと働きからわかるヨガの効果と理由』BABジャパン，2017年
	4）竹井仁著『正しく理想的な姿勢を取り戻す 姿勢の教科書』ナツメ社，2015年
	5）中村隆一・齋藤宏・長崎浩著『基礎運動学　第6版』医歯薬出版，2003年
	6）川邉研次著『姿勢咬合セミナー TEXTBOOK』有限会社K・K，2019年
	7）エイミー・カディ『ボディランゲージが人を作る』TED Global 2012年（https://www.ted.com/talks/amy_cuddy_your_body_language_may_shape_who_you_are?language=ja）

| 178〜187 | 1）井川典克監修、高畑脩平・奥津光佳・萩原広道・特定非営利活動法人はびりす編著『みんなでつなぐ読み書き支援プログラム──フローチャートで分析、子どもに応じた オーダーメイドの支援』クリエイツかもがわ，2020 年 |

| 188 | 町村純子監修『子どもの成長と発達を支援するベビーマッサージ──身体調和体操にトライ』東京法規出版，2007 |

おわりに

はじまりの本のおわりにです。かの有名なアインシュタインの提唱した相対性理論での時間概念では、はじまりとおわりの間の流れは相対的なので、どちらからでも時間な流れがあるのだそうです。はじめからでもおわりからでも考えることができるということでしょうか？（この話はこれくらいにしましょう）

さて、NPO法人はびりすの理念は「すべての人にはGIFTがある」です。誰もが平等に生まれてくるのであり、何らかの条件付きで生まれてきたのではありません。人はいろんなGIFTをもって生まれて、それを発揮する可能性をもって成長するのです。すべての人がそれぞれのGIFTを活動で発揮できたら、とても素晴らしいと思います。

しかし、現実はどうでしょうか？　私たちは一人ひとり異なる特性をいくつかもっていますが、他者や社会からある視点において、平均を満たすことを求められる時に（学習や集団活動や一斉指示に従うことことを求められる時など）、その視点でのある人の特性が利点である、あるいは欠点であると評価されます。

このように他者や社会から特定の基準を求められた時に、個人はカテゴリー分けされることがあります（さまざまな障害名はこれに当たります）。このように社会は、一定の条件を私たちに要求し、その基準と比較して私たちをカテゴリー分けし、さらに社会的な何かに参加できないと障害と呼ぶことがあります。

私たち大人は、こどもが誕生した時の無条件の受け入れを思い出しましょう。私たちはいつの間にか、こどもの預け先の集団から言われた基準で、その子を評価してしまうことがあるのではないでしょうか。しかし、私たちの目の前にいる一人ひとりの存在は、カテゴリー分けされるも

のではありません（特定の視点を求められない家庭などの場所においては、カテゴリー分けされません）。私たちはこの点に自負をもちましょう。このように特性ある個々の存在に注目した言い方が多様性（Diversity）なのです。多様性は当たり前のことであり、存在として平等なのです。

多様性がある個々の存在を一定の基準にはめ込もうとするときに、支障が出るのは当然です。この支障をもたらす社会側の一定の基準が社会的障壁なのです。このように考えてくると、「（他者や社会の側から言えば、）一定の基準を求めたときに基準に達することができない状態が障害である」という考えから「（個人の側から言えば、）何らかの社会的活動に参加できないことが障害である」という考えにパラダイムシフトすることが大切だと言えます。

多様性がある個々の存在が安心して生活できるように検討して、社会的障壁を取り除こうとして頑張る人こそ、真の支援者・専門家・活動家ではないでしょうか。この本で、そのような人たちの言葉を見ることができます。そして、誰もが安心することができる安全な活動の場と仲間を得ることができることを祈ります。

いかわクリニック　井川典克

HABILIS
はびりす

特定非営利活動法人
はびりす本社
（岐阜県大垣市内原）

HABILIS-HIDA
（岐阜県飛騨市古川町）

すべての人にはGIFTがある

　私たちがめざすのは幸福追求産業です。私たちは条件つきの愛や評価には、毅然とNOを突きつけます。なぜなら、人は生まれながらにして無条件の素晴らしい価値、すなわちGIFTを持っているからです。

　中には機能的な問題でできないこともあるかもしれません。でも、私たちは障がいがあっても病気があっても、外見的な凸凹も内面的な凸凹も、全部ひっくるめて、その人の「味わい深さ」だととらえています。その「味わい深さ」を生かしながら、意味ある活動、すなわち「遊び」に取り組むことで人の命は燃え上がります。勉強も、部活も、仕事も、恋愛も、結婚も、そして育児でさえも「遊び」です。そして、幸福な人生とは「遊び」の延長線上にあるのです。

　だからこそ私たちは、「できないこと」に目を向けるのではなく、「何がしたいのか」を問います。そして、その「したいこと」の実現に向けて、全力で向き合います。それこそが、その人のGIFTを最大限に生かすことだと知っているからです。

　私たちは人間賛歌を高らかに謳います。

〔事業内容〕児童発達支援 / 放課後等デイサービス / 保育所等訪問支援 /
　　　　　　研修・セミナー / 研究・出版

はびりす発達Q&A

YouTube配信「はびりすチャンネル」：はびりす発達Q&A
SNSで活動を配信中：Facebook / Instagram / TikTok

執筆者一覧

（五十音順）

井川　典克 （いかわクリニック院長・医師）	おわりに
大村　祥恵 （詩音助産院・助産師）	Part1-1-1〜4、Part2-1-3、2-2-1
奥津　光佳 （特定非営利活動法人はびりす・作業療法士）	Part5-3-1〜3、子育ちプログラム「読み書き基礎プログラム」1〜5
北島　静香 （特定非営利活動法人はびりす・言語聴覚士）	Part1-4-4
塩津　裕康 （中部大学・作業療法士）	Part4-2-1〜3
鹿野　昭幸 （特定非営利活動法人はびりす・理学療法士）	Part1-4-1、Part5-2-4、Part5コラム
高畑　脩平 （藍野大学・作業療法士）	Part4-1-1〜4
都竹　淳也 （岐阜県飛騨市長）	Part1コラム
中山　千春 （一般社団法人sol・作業療法士）	Part2-3-1〜2、Part2コラム
野口　翔 （特定非営利活動法人はびりす・作業療法士）	Part5-2-1〜3、Part5コラム、子育ちプログラム「体幹強化アプローチ」1〜8
塙　杉子 （名古屋医専・作業療法士）	Part2-4-1〜2、Part3-2-1〜3
原　正憲 （特定非営利活動法人はびりす・作業療法士）	Part1-4-3
町村　純子 （株式会社ゆう地域支援事業團・保健師）	Part1-3-1〜3、1-4-2、Part5-1-1〜4、子育ちプログラム「身体調和支援プログラム」1〜10
三浦　正樹 （ボバース記念病院・作業療法士）	Part3-1-1〜4、Part3コラム
村口　裕美 （倉敷自然育児相談所ぐらん・ま・助産師）	Part1-2-1〜3、Part2-1-1〜2、2-2-2
山口　清明 （特定非営利活動法人はびりす・作業療法士）	Part6
山口ひとみ （鹿児島県霧島市議会議員・保育士）	はじめに、Part1-5-1
吉留　文佳 （里山のようちえん にじいろタペストリー・作業療法士、保育士）	Part3コラム

編著者プロフィール

監修／井川典克（いかわ・のりかつ）

児童青年期精神医。岐阜大学医学部精神科病棟医長、羽島市民病院精神科部長、養南病院副院長を経て、2010年よりいかわクリニック院長。
岐阜県立希望が丘こども福祉医療センター、赤十字病院等の非常勤医師。岐阜労働局発達障害専門指導監、日本児童青年期精神医学会評議員、特定非営利活動法人はびりす理事。個人的関心は、本質を探ること、哲学・天文学など。黙って授業を受けることは苦手だが、動き続けることやしゃべることは得意。

編著／大村祥恵（おおむら・さちえ）

助産師。総合病院・クリニックにて、正常分娩・異常妊娠や婦人科疾患の看護にかかわる。保健センター勤務時には退院後の親子への支援を行う。妊産婦や親子の心身の健康に対して、「もっと生活に近い場で予防的に向き合いたい」と2013年に「詩音助産院」を開業。自身も二人の娘の母親で、日々育児に奮闘中。助産師や保育士など仲間とともに立ち上げた子育て支援団体マタニティーサポートカフェ鹿児島の代表。

町村純子（まちむら・じゅんこ）

1983年～2002年群馬県大間々町役場勤務。2003年ゆう地域支援事業團設立（2010年に法人化）を経て2006年有限会社まちむら設立。保健師、発達支援コンサルタント。発達を支援する身体調和支援町村メソッド創設。児童発達支援（0歳児～就学前までの療育）一期（いちご）・一会（いちえ）、乳幼児相談、自治体や保育園支援、発達関係商品開発。高齢者介護保険事業通所介護たなぼ、有料老人ホームなどを運営。

特定非営利活動法人はびりす（はびりすANNEX／Habilis-HIDA）

〒503-0936　岐阜県大垣市内原一丁目168番地1
Tel. 0584-84-3800　Fax. 0584-84-3801
URL. https://habilitering.com/

いちばん
はじまりの本
赤ちゃんをむかえる前
から読む発達のレシピ

2021年11月30日　初版発行
2021年12月10日　第2刷発行

監　修●井川典克
編　著●大村祥恵・町村純子・©特定非営利活動法人はびりす
発行者●田島英二　taji@creates-k.co.jp
発行所●株式会社クリエイツかもがわ
　　　　〒601-8382 京都市南区吉祥院石原上川原町21
　　　　電話 075(661)5741　FAX 075(693)6605
　　　　http://www.creates-k.co.jp
　　　　郵便振替 00990-7-150584

イラスト●ホンマヨウヘイ　デザイン●菅田　亮
印 刷 所●モリモト印刷株式会社
ISBN978-4-86342-322-0 C0077　printed in japan

あたし研究　　自閉症スペクトラム〜小道モコの場合　　　　1980円
あたし研究2　　自閉症スペクトラム〜小道モコの場合　　　2200円

自閉症スペクトラムの当事者が「ありのままにその人らしく生きられる」社会を願って語りだす―知れば知るほど私の世界はおもしろいし、理解と工夫ヒトツでのびのびと自分らしく歩いていける！

療育って何？　　親子に笑顔を届けて
近藤直子、全国発達支援通園事業連絡協議会／著

2刷

障害を診断される前のゼロ歳の時期から「育てにくさ」をもつ子どもと家族を支える大切さと、取り組みを親、OT、PT、保育士、事業所、行政それぞれの視点から紹介。「療育」とは何かが浮かび上がる。　　　　　　　　　　　　　　　　　　　　　　　　　1870円

子どものかわいさに出あう　　乳幼児期の発達基礎講座
近藤直子／著

5刷

発達とは何か、乳児から幼児になる1歳半の節、2歳から3歳の自我のめざめ、4、5歳のこころの育ちを学ぶ。できる自分とできない自分の間の揺らぎ、子どもの「イヤ」に秘められた心の育ちを知ったとき、子どもがかわいく見えてくる。　　　　　　　　　　　1320円

発達を学ぶちいさな本　　子どもの心に聴きながら
白石正久／文・写真

3刷

「とりあえず、とりあえず」"願い"と"現実の自分"のずれの中で、自分にそう言い聞かせて――。どんなに幼い子どもでも、それぞれの発達時期において、その時期らしい願いをもっている。0歳から5歳までの心と身体の発達の道すじを、たくさんの写真とともにたどる。　　　　　1320円

子どもたちが笑顔で育つムーブメント療育
小林芳文／監修　小林保子・花岡純子／編著

重い障がいのある子どもたちへの実践から、子どもと家族を笑顔にし、発達を支援するムーブメント教育・療法。子どもの育ちの原点である楽しい運動遊びを通して「からだ（動くこと）、あたま（考えること）・こころ（感じること）」の発達を応援する。　　　　　　　　　　2420円

チャレンジ！
ファシリテーション・ボール・メソッド（FBM）
こころと身体のボディワーク　基礎と実践

3刷

FBM研究会／編

2530円

エンジョイ！
ファシリテーション・ボール・メソッド（FBM2）
発達を支援するからだの学習

FBM研究会／編

2200円

空気量を調整した柔らかいファシリテーションボールに乗ってみよう！　触圧、揺れなどの刺激と同時に、抗重力活動、バランス、姿勢の保持・静止・変換・移動、手指操作などを個々に応じてプログラム。自発的な動作を引き出していきます。

http://www.creates-k.co.jp/

「学童保育×作業療法」コンサルテーション入門
地域に出よう！ 作業療法士　小林隆司／監修　八重樫貴之・佐藤葉子・糸山智栄／編著

子どもの特性、環境、友だち、支援者の関わりをコンサル20事例で学ぶ。
子ども理解と放課後の生活、作業療法コンサル理論入門と実際。これであなたも地域で活躍
できる！　　　　　　　　　　　　　　　　　　　　　　　　　　　　　　　2420円

学童期の感覚統合遊び　学童保育と作業療法士のコラボレーション
太田篤志／監修　森川芳彦・豊島真弓・松村エリ・角野いずみ・鍋倉功・山本隆／編著

画期的な学童保育指導員と作業療法士のコラボ！
指導員が2ページ見開きで普段の遊びを紹介×作業療法士が2ページ見開きで感覚統合の視点
で分析。子どもたちに育んでほしい力をつける！　　　　　　　　　　　　　2200円

学校に作業療法を　「届けたい教育」でつなぐ学校・家庭・地域   2刷
仲間知穂・こども相談支援センターゆいまわる／編著

作業療法士・先生・保護者がチームで「子どもに届けたい教育」を話し合い、協働することで、
子どもたちが元気になり、教室、学校が変わる。先生が自信をもって教育ができれば、障害
の有無にかかわらず、子どもたちは必ず元気に育つ。　　　　　　　　　　　2420円

学童期の作業療法入門　学童保育と作業療法士のコラボレーション
小林隆司・森川芳彦・河本聡志・岡山県学童保育連絡協議会／編著

気になる子どもの発達を促す「作業療法」
作業療法、感覚統合の理論をわかりやすく解説、作業療法の視点から「①感覚遊び、②学習、
③生活づくり」で、子どもの発達を保障する新たな学童保育の実践を拓く！　1980円

ユーモア的即興から生まれる表現の創発   付録DVD
発達障害・新喜劇・ノリツッコミ　赤木和重／編著

ユーモアにつつまれた即興活動のなかで、障害のある子どもたちは、新しい自分に出会い、
発達していきます。「新喜劇」や「ノリツッコミ」など特別支援教育とは一見関係なさそうな
活動を通して、特別支援教育の未来を楽しく考える1冊。　　　　　　　　　　2640円

キミヤーズの教材・教具　知的好奇心を引き出す   付録DVD 5刷
村上公也・赤木和重／編著

子どもたちの知的好奇心を引き出し、教えたがりという教師魂を刺激する、そして研究者が
その魅力と教育的な本質を分析・解説。仲間の教師や保護者 が、授業で実際に使った経験・
感想レビューが30本。　　　　　　　　　　　　　　　　　　　　　　　　3080円

特別支援教育簡単手作り教材 BOOK   9刷
ちょっとしたアイデアで子どもがキラリ☆　東濃特別支援学校研究会／編著

授業・学校生活の中から生まれた教材だから、わかりやすい！すぐ使える！「うまくできな
くて困ったな」「楽しく勉強したい」という子どもの思いをうけとめ、「こんな教材があると
いいな」を形にした手作り教材集。　　　　　　　　　　　　　　　　　　　1650円

特定非営利活動法人はびりす編著の書籍

凸凹子どもがメキメキ伸びるついでプログラム

井川典克／監修　鹿野昭幸、野口翔／編著

2刷

「ついで」と運動プログラムを融合した、どんなズボラさんでも成功する、家で保育園で簡単にできる習慣化メソッド！　児童精神科医×作業療法士×理学療法士がタッグを組んだ生活習慣プログラム32例

1980円

みんなでつなぐ読み書き支援プログラム
フローチャートで分析、子どもに応じたオーダーメイドの支援

井川典克／監修　高畑脩平、奥津光佳、萩原広道／編著

4刷

くり返し学習、点つなぎ、なぞり書きでいいの？　一人ひとりの支援とは？　読み書きの難しさをアセスメントし、子どもの強みを活かすオーダーメイドのプログラム。教育現場での学習支援を想定、理論を体系化、支援・指導につながる工夫が満載。

2420円

子どもと作戦会議 CO-OP アプローチ™ 入門

塩津裕康／著

子どもの「したい！」からはじめよう！
CO-OP（コアップ）とは、自分で目標を選び、解決法を発見し、スキル習得を実現する、子どもを中心とした問題解決アプローチ。子どもにとって大切なことを、子どもの世界で実現できるような取り組みで、「できた」をかなえる。
カナダで開発されたアプローチを日本で初めて紹介！

2420円

乳幼児期の感覚統合遊び
保育士と作業療法士のコラボレーション

加藤寿宏／監修　高畑脩平・田中佳子・大久保めぐみ／編著

7刷

「ボール遊び禁止」「木登り禁止」など遊び環境の変化で、身体を使った遊びの機会が少なくなったなか、保育士と作業療法士の感覚統合遊びで、子どもたちに育んでほしい力をつける。

1760円

子ども理解からはじめる感覚統合遊び
保育者と作業療法士のコラボレーション

加藤寿宏／監修　高畑脩平・萩原広道・田中佳子・大久保めぐみ／編著

5刷

保育者と作業療法士がコラボして、保育・教育現場で見られる子どもの気になる行動を、感覚統合のトラブルの視点から10タイプに分類。その行動の理由を理解、支援の方向性を考え、集団遊びや設定を紹介。

1980円